Manuela Kjeilen

Die Backfee
Süß und salzig

Brote • Brioches • Baguettes
Croissants • Buns • Rolls

Manuela Kjeilen

Brote • Brioches • Baguettes

Die Backfee
Süß & Salzig

Croissants • Buns • Rolls

Lifestyle
BUSSE
SEEWALD

Text, Rezepte & Styling: Manuela Kjeilen
Rezeptüberarbeitung: Ann Høydalsnes
Umschlagfoto: Manuela Kjeilen & Trude Färdig
Fotos: Trude Färdig: Seite 7, 29, 53, 97, 151, 167, 199, 203, 207; Laila Adolfsen: Seite 135, 179, 205; restliche Fotos: Manuela Kjeilen
Layout: Nina Juul
Übersetzung: Julia Gschwilm
Layout, Satz und Covergestaltung: Arnold & Domnick, Leipzig
Lektorat & Korrektorat: Bettina Snowdon
Programmleitung & Produktmanagement: Susanne Klar & Melissa Brosig
Druck & Bindung: APPL, Wemding

Die Originalausgabe ist im Exlibris Media AS, Oslo, Norwegen erschienen und wurde für die deutsche Ausgabe von der Bennet Agency, Stockholm, Schweden vermittelt.

1. Auflage 2014

ISBN: 978-3-7724-7373-9 • Best.-Nr. 7373

Inhalt

Vorwort

Dieses Buch zu verfassen hat mir sehr großen Spaß gemacht. Schon immer habe ich Hefegebäck geliebt, und eines der ersten, das ich jemals gegessen habe, war Skolebrød, ein typisches norwegisches Hefegebäck mit einem Klecks Vanillepudding. Als ich klein war, fuhren wir jeden Sommer ins schöne Bergen, wo Großmutter, Onkel, Tante und meine wundervollen Cousinen wohnten. Welch eine Freude, aus den Niederlanden, wo ich in einer Großstadt wohnte, nach Bergen zu reisen, das für mich der Inbegriff von Norwegen war.

Ich erinnere mich noch gut, dass ich aus dem Fenster sah, als wir über die Berge fuhren, und mich bei dem Gedanken an ein baldiges Wiedersehen mit meiner Großmutter unbändig freute. Ich konnte damals kein Norwegisch, verstand nur ein paar Worte, aber das spielte überhaupt keine Rolle. Für mich reichte es, von Großmutter die liebevollste Umarmung der Welt zu bekommen und sie sagen zu hören: „Wie wunderbar, dass ihr nach Bergen gekommen seid."

Großmutter nahm mich oft mit ins Café. Ich liebte diese Zeit mit ihr allein, und erinnere mich an ihre warme Hand, die meine hielt, wenn wir in die Stadt hinunter gingen. „Und jetzt, Manuela, gehen wir in die Bäckerei, kaufen leckeres Gebäck und machen es uns gemütlich." Ich drückte mir die Nase an der Auslage der Bäckerei platt, sah mir all die tollen Sachen an, die sie dort hatten, und träumte. Skolebrød ist noch immer das beste Hefegebäck, das ich kenne.

Was ich an Norwegen immer geliebt habe, ist die Gastfreundlichkeit: Jemanden zu besuchen, dort mit Waffeln und selbst gemachtem Hefegebäck verwöhnt zu werden und es gemütlich zu haben. Wenn ich bei Großmutter in Bergen war, durfte ich immer die Fernsehküche mit Ingrid Espelid Hovig sehen. Ich verstand kein Wort von dem, was sie sagte. Doch allein, sie anzusehen, mit all der Leidenschaft für das, was sie tat … Ich liebe diese Frau einfach – sie ist ein großes Vorbild für mich. Ich erinnere mich noch gut, meiner Mutter verkündet zu haben, einmal wie sie werden zu wollen. Als ich klein war, hat Mama immer mit mir zusammen gebacken, und ich habe unglaublich viel von ihr gelernt.

In diesem Buch habe ich alles gebacken – von leckerem Hefegebäck mit Unmengen guter Füllungen, herrlichem Skolebrød, bis hin zu Frühstücksbrötchen, selbst gemachtem Knuspermüsli, süßen belgischen Waffeln und niederländischen Pfannkuchen. Ich habe versucht, eine variierte Auswahl dessen zu präsentieren, was ich selbst am liebsten mag. Ich hoffe, Sie haben genauso viel Freude an diesem Buch wie ich sie hatte, als ich es gemacht und all diese Herrlichkeiten genossen habe.

Love

Manuela

Tipps für gelungenes Hefegebäck

Ich liebe es zu backen. Besonders Hefeteig ist so vielseitig, man kann ihn so vielfältig variieren. Das will ich Ihnen in diesem Buch zeigen. Aber zuerst will ich Ihnen ein paar Tipps für ein gelungenes Resultat geben.

Verwenden Sie frische Hefe. Ich ziehe sie Trockenhefe vor, denn ich finde, dass der Teig damit schneller aufgeht. Achten Sie darauf, beim Auflösen der Hefe kein allzu warmes Wasser zu verwenden. Das Wasser sollte lauwarm sein (ca. 40 °C), nicht wärmer. Wenn Sie zu warmes Wasser benutzen, verliert die Hefe ihre Triebfähigkeit und der Teig geht nicht auf.

Kneten Sie süßes Hefegebäck lange, am besten 20 Minuten. Nach dem Gehen sollten Sie den Teig nur noch so wenig wie möglich bearbeiten, damit die Luft darin bleibt. Schneiden Sie den Teig mit einem Messer in Stücke und formen Sie ihn vorsichtig, bevor Sie ihn auf das Backblech legen. Dann bekommen Sie superluftiges Gebäck. Und wie bei allen Backwaren ist es wichtig, eine ordentliche Portion Liebe mit in den Teig zu geben …

Ich verwende in mehreren Rezepten Milchpulver, das in gut sortierten Supermärkten erhältlich ist. Außerdem nehme ich Jell-O French Vanilla Pudding, den Sie durch normales Vanillepuddingpulver ersetzen können, wenn Sie keinen Jell-O bekommen. Die Schokolade, die ich im Buch einsetze, ist von Callebaut, aber das Wichtigste ist, dass Sie eine gute Schokolade benutzen, deren Geschmack Sie mögen.

Viele Gebäcksorten in diesem Buch habe ich in Förmchen oder Muffinformen gebacken. Der Grund dafür ist, dass ich es liebe, hübsches Hefegebäck zu verschenken. Aber das Gebäck wird ohne Formen natürlich genauso gut.

Happy baking

2kg
0:57

French Bread & Baguette

Wenn ich etwas liebe, dann echtes französisches Baguette mit seinem herrlich weichen Inneren und dazu der knusprigen Kruste, die dem Baguette das typisch französische Aussehen gibt. Das Rezept enthält nur wenige Zutaten, es ist also die Vorgehensweise, die das Baguette ausmacht. Zuhause serviere ich das Brot zum Frühstück oder zu Mittag zusammen mit einer leckeren Suppe. Und es ist natürlich toll, Baguettes mit einer Schleife darum zu verschenken, wenn man jemanden besuchen will …

Rezept für 3 Stück

Teil 1
1 Würfel frische Hefe (42 g)
375 g Mehl

Teil 2
1 EL Salz
250 g Mehl

Zum Bestreuen:
evtl. Meersalz

Den Ofen auf 250 °C vorheizen.

Teil 1
Die Hefe in 475 ml lauwarmem Wasser auflösen. Das Mehl in eine Rührschüssel geben, die Hefemischung hinzufügen und gut miteinander verkneten.

Die Schüssel mit einem Tuch bedecken und den Teig mindestens 30 Minuten gehen lassen, bis sich seine Größe verdoppelt hat.

Fleurs

Teil 2

Salz und das restliche Mehl nach und nach hinzufügen. Vielleicht brauchen Sie nicht alles Mehl, also kontrollieren Sie, ob der Teig eine gute Konsistenz hat, nachdem Sie 200 g hinzugefügt haben.

Den Teig mindestens 15 Minuten kneten – je länger Sie kneten, desto besser das Resultat.

Den Teig weitere 30 Minuten abgedeckt gehen lassen, bis sich seine Größe verdoppelt hat, dann auf die Arbeitsfläche legen. In drei gleich große Stücke teilen. Die Teile zu langen Würsten rollen. In eine Baguetteform oder auf ein mit Backpapier belegtes Backblech legen. Die Baguettes mit Wasser bestreichen und in der Form oder auf dem Blech weitere 15–30 Minuten gehen lassen.

Die Baguettes mit einem Messer mehrmals diagonal einschneiden, wieder mit Wasser bestreichen und nach Belieben mit Meersalz bestreuen. In den vorgeheizten Ofen stellen und 25–35 Minuten backen, bis sie goldbraun sind.

Ich fülle Wasser in eine Fettpfanne und schiebe sie unter die Baguettes, sodass im Ofen Wasserdampf entsteht – dann bekommen die Brote eine schöne Kruste.

Dann muss man diese tollen französischen Baguettes nur noch genießen … und mit anderen um sich herum teilen.

Fleurs

Holländische Pfannkuchen

Ich bin mit diesen wundervollen Pfannkuchen aufgewachsen und liebe sie heiß und innig. Im Teig selbst ist kein Zucker, aber nach dem Backen mag ich es am allerliebsten, sie mit Zucker bestreut zu essen. Oh, das ist so lecker!

Rezept für 10–12 Stück

600 g Mehl
9 Eier (Größe M)
750 ml Milch
reiner Vanilleextrakt oder Vanillezucker

Zum Ausbacken:
etwas Butter

Alle Zutaten bis auf die Butter zum Ausbacken in eine Rührschüssel geben und mit dem Schneebesen gut verquirlen, bis ein glatter Teig ohne Klümpchen entstanden ist. Den Teig 30 Minuten ruhen lassen, bevor man die Herrlichkeiten backt.

Für jeden Pfannkuchen ein wenig Butter in eine Pfanne geben. Die Pfannkuchen auf jeder Seite 1–2 Minuten ausbacken.

Dann einfach genießen …

YANKEE CANDLE
SPOONFUL of SUGAR
Sparkling Sugar
LIMITED EDITION
Everything is better with a little bit of sugar!
NET WT 22 OZ (623g)

Croissants

Eines der Dinge, die ich in Frankreich am liebsten esse, sind Croissants – so herrlich und delikat, ein Genuss zum Frühstück oder zu jeder anderen Tageszeit. Croissants zu backen ist eigentlich ganz einfach, aber es nimmt etwas Zeit in Anspruch. Wenn Sie also etwas mehr Zeit haben und zu einem ganz besonderen Anlass welche backen wollen, ist es die Sache absolut wert. Das Rezept habe ich von einer Belgierin, die sie oft gebacken hat, wenn meine Familie bei ihr zu Besuch war. Ich erinnere mich daran, wie sie zu mir sagte: „Denk daran, dass es sehr wichtig ist, wie du den Teig ausrollst und wie oft du den Teig faltest, wenn du Croissants backst, Manuela."

Rezept für 36 kleine Stücke

1 Würfel frische Hefe (42 g)
300 ml lauwarme Milch
500 g Weizenmehl und etwas zum Bestäuben
90 g Zucker
10–15 g Salz
340 g zimmerwarme Butter

Zum Bestreichen:
1 Ei (Größe M)

Backtemperatur: 190 °C

Die Hefe in der lauwarmen Milch auflösen. Mehl, Zucker und Salz in eine Rührschüssel geben. Die Milch-Hefe-Mischung hinzufügen und gut vermischen. Den Teig mindestens 5 Minuten kneten. Etwas Mehl auf den Boden einer Schüssel stäuben. Den Teig in die Schüssel legen und 30–40 Minuten abgedeckt gehen lassen, bis sich seine Größe verdoppelt hat.

In der Zwischenzeit zwei Stücke Frischhaltefolie bereitlegen. Die weiche Butter in Scheiben schneiden und auf eines der Folienstücke legen. Das andere Frischhaltefolienstück darauf legen und so ausrollen, dass die Butterstücke ein Rechteck von ca. 20 x 25 cm Größe bilden. Die Folie gut um die Butter falten und im Kühlschrank kalt stellen. Etwas Mehl auf den fertig gegangenen Teig stäuben. Den Teig etwas eindrücken, sodass die Luft entweicht. Die Arbeitsfläche mit etwas Mehl bestäuben, damit der Teig nicht daran festklebt. Den Teig auf die Arbeitsfläche legen und zu einem Rechteck ausrollen, das ungefähr doppelt so lang und etwas breiter ist als die Butter.

Couture

Die kalte, auf die Folie gewalzte Butter aus dem Kühlschrank nehmen und eine Folie abziehen. Die Butterschicht mitten auf den Teig legen und die zweite Folie abziehen. Nun zuerst die eine Seite des Teiges über die Butter zur Mitte falten, dann die andere. Den Teig so ausrollen, dass wieder ein Rechteck entsteht, das die Butter einschließt. Nun die gegenüberliegende Seite falten, um die Butter ganz mit Teig zu umschließen. Die Seiten sollen diesmal übereinander gelegt werden, zuerst die eine, dann darüber die andere. Den Teig in ein Stück Frischhaltefolie wickeln und 30 Minuten kalt stellen.

Die Arbeitsfläche wieder mit etwas Mehl bestäuben. Den Teig erneut zu einem Rechteck ausrollen. Die Seiten auf dieselbe Art wie oben beschrieben nach innen falten. In Frischhaltefolie wickeln und noch einmal 30 Minuten in den Kühlschrank stellen. Den Teig wieder herausnehmen und die Prozedur erneut wiederholen. Diesmal besonders gut in Folie wickeln, denn nun muss der Teig über Nacht im Kühlschrank liegen.

Nächster Tag: Den Ofen auf 190 °C vorheizen. Den Teig in zwei Stücke schneiden. Die Stücke zu Rechtecken ausrollen und wie abgebildet in Dreiecke schneiden. Von der breiten Seite aus dicht zusammenrollen.

Ein Backblech mit Backpapier belegen. Alle Croissants auf das Backblech legen. Mit Frischhaltefolie bedecken und stehen lassen, bis die Croissants zimmerwarm sind und sich ihre Größe verdoppelt hat.

Bestreichen: Ei mit 2 EL Wasser verquirlen und die Croissants damit bestreichen, bevor sie bei 190 °C für ca. 15 Minuten in den Ofen kommen.

Andere Varianten:
Leckere dunkle Schokolade auf die breite Seite legen und zusammenrollen. Auf ein Backblech legen und auf Zimmertemperatur bringen wie im Grundrezept. Oder wie wäre es mit Pfirsichmarmelade und Rosinen? Es gibt viele Möglichkeiten ...

Today Is What You
Make It. So
Make It Great!

Süßes Hefegebäck

GRUNDREZEPT

Wir haben alle ein Lieblingsrezept für süßes Hefegebäck – dies ist meines. Es ist einfach zu machen und besteht nur aus wenigen Zutaten. Man benötigt hierfür keine Milch, sondern Milchpulver. Das kann man in manchen Supermärkten kaufen. Es lässt sich nicht durch Milch ersetzen. Der Teig wird extrem fluffig, weil er ganze 20 Minuten bei mittlerer Geschwindigkeit geknetet wird, und auch, weil er einen großen Anteil Butter enthält. Wenn Sie leckeres, lockeres Gebäck mögen, dann werden Sie dieses hier lieben … I promise!

Rezept für 25 Stück

400 g Weizenmehl und etwas zum Bestäuben
35 g Milchpulver
50 g Zucker und etwas zum Bestreuen
¼ TL Salz
1 Würfel frische Hefe (42 g)
3 Eier (Größe L)
1 Eigelb (das Eiweiß zum Bestreichen des Gebäcks verwenden)
150 g Butter

Zum Bestreichen:
1 Eiweiß (s. o.)

Den Ofen auf 180 °C vorheizen.

Tipp!
Verwenden Sie am besten Umluft, wenn Ihr Ofen diese Funktion hat.

Das Rezept mit Schritt-für-Schritt-Bildern folgt auf der nächsten Seite …

Alle trockenen Zutaten in eine Rührschüssel geben.

Die Hefe in 50 ml lauwarmem Wasser auflösen, dann die Hefemischung in die trockenen Zutaten geben und Eier, Eigelb und Butter unterrühren. Ca. 20 Minuten auf mittlerer Stufe kneten. Anfangs kann der Teig zu flüssig wirken, aber nach 20 Minuten wird er absolut super. Den Teig abgedeckt ca. 45 Minuten bei Zimmertemperatur gehen lassen.

Die Arbeitsfläche mit etwas Mehl bestäuben und den Teig darauf legen. Teig in Stücke teilen und zu Kugeln rollen. Ich berechne 45 g Teig für eine Kugel. Jedes Stück wiegen, sodass die Kugeln gleich groß werden.

Die Kugeln auf ein mit Backpapier belegtes Backblech legen. Mit dem Eiweiß bestreichen und mit etwas Zucker bestreuen. Ca. 15 Minuten backen. Die Backzeit hängt von Ihrem Ofen ab und wie groß Ihre Brötchen sind.

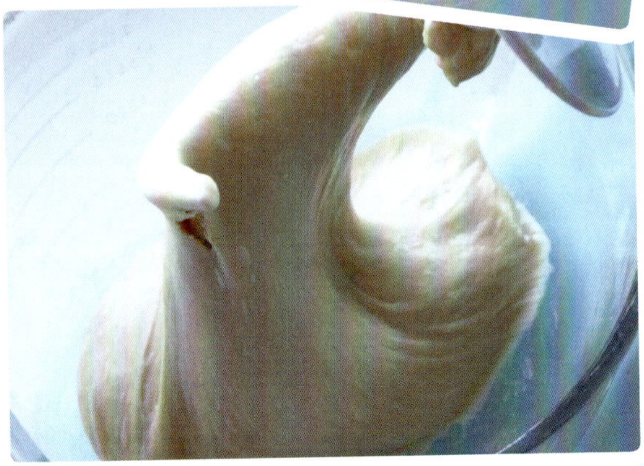

French-Vanilla-Hefeteig

GRUNDREZEPT

Dieses Grundrezept beinhaltet im Gegensatz zu meinen anderen Grundrezepten für süßes Hefegebäck auch Vanillepuddingpulver. Die Idee dafür bekam ich, als ich in den USA in einem Supermarkt war und eine Kuchenfertigmischung von der bekannten Betty Crocker sah. Auf der Packung stand: „Pudding in the mix". Ich dachte, das sollte ich bei Hefegebäck ausprobieren, dann wird es vielleicht lockerer, und das wurde es auch.

Rezept für 25 Stück

1 Würfel frische Hefe (42 g)
125 ml Milch oder Sahne
30 g Butter und etwas für die Schüssel
4 EL Jell-O French Vanilla Pudding oder normales Vanillepuddingpulver
1 Ei (Größe L)
50 g Zucker
½ TL Salz
260 g Weizenmehl
2 TL Vanillezucker

Die Hefe mit 2 EL lauwarmem Wasser verrühren. 5 Minuten beiseite stellen, sodass die Hefe aktiv wird.

Das Rezept mit Schritt-für-Schritt-Bildern folgt auf der nächsten Seite …

Milch oder Sahne 1–2 Minuten in der Mikrowelle oder einem Topf erhitzen. Die Butter hinzufügen und rühren, bis sie geschmolzen ist. Die restlichen Zutaten in eine Rührschüssel geben. Die Milch-Butter-Mischung und die Hefemischung hinzufügen. Den Teig kneten, bis alles gut vermischt ist. Mit einem Tuch bedecken und 15 Minuten ruhen lassen.

Anschließend den Teig mindestens weitere 20 Minuten bei mittlerer Geschwindigkeit kneten. Anfangs kann es so aussehen, als ob der Teig mehr Flüssigkeit braucht, aber kneten Sie einfach weiter, dann wird er ganz wunderbar. Am besten kein Mehl mehr dazu geben.

Den Teig in eine mit etwas Butter bestrichene Schüssel geben und ca. 40 Minuten abgedeckt ruhen lassen, bis sich seine Größe verdoppelt hat. Jetzt ist der Teig fertig und Sie können hübsches Hefegebäck wie auf den Seiten 38, 62 und 102 abgebildet formen.

Französische Brioche

GRUNDREZEPT

Oh, wie ich diese Brioches liebe – Luxusbrötchen, die Sie sich zum Frühstück, Lunch, ja eigentlich immer gönnen können! Außerdem sind sie so einfach zu machen, aber Sie müssen etwas Geduld haben, denn der Briocheteig muss über Nacht ruhen. Ich habe die Brioches hier in süßen pastellfarbenen Förmchen gebacken, aber man kann auch Muffinbleche nehmen oder einfach kleine Brötchen daraus machen.

Dampfende frische Brioches – perfekt für ein ausgiebiges Frühstück!

Rezept für 24 Stück

400 g Weizenmehl
35 g Milchpulver
50 g Zucker
¼ TL Salz
1 Würfel frische Hefe (42 g)
3 Eier (Größe L)
1 Eigelb (das Eiweiß zum Bestreichen der Brioches verwenden)
150 g Butter

Speiseöl aus dem Zerstäuber

Zum Bestreichen und Bestreuen:
1 Eiweiß (s. o.)
grober Zucker

Den Ofen auf 180 °C vorheizen.

Alle trockenen Zutaten in eine Rührschüssel geben.

Die Hefe mit 50 ml lauwarmem Wasser verrühren. Die Hefemischung in die trockenen Zutaten geben. Eier, Eigelb und Butter einrühren. Ca. 20 Minuten auf mittlerer Stufe kneten. Anfangs kann der Teig zu flüssig wirken, aber nach 20 Minuten wird er ganz wunderbar. Den Teig bei Zimmertemperatur abgedeckt ca. 45 Minuten gehen lassen.

ARIS

Den Teig mit Speiseöl einsprühen, mit Frischhaltefolie bedecken und mindestens 6 Stunden oder am besten über Nacht in den Kühlschrank stellen.

Am nächsten Tag den Teig aus dem Kühlschrank nehmen und warten, bis er Zimmertemperatur erreicht hat. Kleine Kugeln rollen und auf ein mit Backpapier belegtes Backblech legen oder wie ich Miniförmchen, Muffinformen oder andere hübsche Formen verwenden. Die Kugeln mit dem Eiweiß bestreichen und mit etwas grobem Zucker bestreuen. Ca. 15 Minuten backen, abhängig davon, was für einen Ofen Sie haben und wie groß Ihre Brioches sind.

Soft Moist Blueberry Scones

Es hat eine Weile gedauert, bis ich Scones lieben gelernt habe, und es geschah in einem Diner in Los Angeles. Dort probierte ich warme Blueberry Scones mit herrlichem Lemon Curd dazu. Ich fragte, was die heimliche Zutat in diesen unglaublich saftigen und weichen Scones war, und erfuhr, dass sie Crème fraîche in den Teig geben und ihn nicht allzu lange rühren.

Rezept für 14 Stück

375 g Weizenmehl
2 EL Backpulver
½ TL Salz
85 g Zucker
115 g zimmerwarme Butter
275 g Crème fraîche light
2 TL reiner Vanilleextrakt (ersatzweise gemahlene Vanille)
abgeriebene Schale von 1 unbehandelten Zitrone
150–200 g Blaubeeren

Den Ofen auf 180 °C vorheizen.

Das Rezept mit Schritt-für-Schritt-Bildern folgt auf der nächsten Seite …

So soft, so moist, just perfect anytime

Mehl, Backpulver, Salz und Zucker in eine Schüssel geben. Leicht vermischen.

Weiche Butter, Crème fraîche und Vanilleextrakt hinzufügen. Leicht verrühren – aber nicht zu viel rühren.

Zum Schluss abgeriebene Zitronenschale und Blaubeeren dazu geben. Einen Eisportionierer voll Teig in je eine Form geben oder die Scones direkt auf ein mit Backpapier belegtes Backblech setzen.

Ca. 30 Minuten backen.

Am besten lauwarm mit leckerem Lemon Curd genießen (siehe nächste Seite) mit einer Tasse dampfendem heißen Tee oder Kaffee und in guter Gesellschaft …

Lemon Curd

Saft von 1–2 Zitronen (ca. 100 ml)
2 TL abgeriebene Schale von 1 unbehandelten Zitrone
75 g Zucker
4 Eigelb
60 g Butter

Alle Zutaten in eine Schüssel geben. Die Schüssel über einen Topf mit kochendem Wasser stellen. Schlagen, bis die Masse die richtige Konsistenz hat, dann die Schüssel vom Topf nehmen. Die Creme in ein Einmachglas füllen. Abkühlen lassen. Hält sich im Kühlschrank zwei Wochen.

Breakfast Sweet Rolls & Banana and Oatmeal

In diesen verführerischen Frühstücksbrötchen sind schön reife Bananen und Haferflocken – perfekt zum Frühstück mit leckerem Frischkäse, Bananen und Marmelade obendrauf. Ich habe sie einmal in Muffinformen gemacht und mit zum Strand genommen. Alle bekamen ihre Brötchen in einer hübschen Form – ein bisschen Luxus muss man sich schließlich gönnen …

Rezept für 15 Stück

1 Grundrezept French-Vanilla-Hefeteig (siehe Seite 26)
125 g mehr Weizenmehl und etwas zum Kneten und Bestäuben
2 reife Bananen
100 g Haferflocken

Den Ofen auf 200 °C vorheizen.

Den Teig wie im Grundrezept für French Vanilla-Hefeteig beschrieben vermischen, aber weitere 125 g Mehl hinzufügen.

Das Rezept mit Schritt-für-Schritt-Bildern folgt auf der nächsten Seite …

Ooh la la!

Die Bananen zerdrücken, zusammen mit den Haferflocken hinzufügen und den Teig wie im Grundrezept beschrieben kneten. Dann in eine Schüssel geben, mit einem Tuch bedecken und 15 Minuten ruhen lassen. Den Teig aus der Schüssel nehmen und mindestens 10 Minuten weiterkneten. Gegen Ende des Knetens kann der Teig klebrig wirken, stäuben Sie daher einfach etwas Mehl über Ihre Hände und legen Sie den Teig in eine große Schüssel. Den Teig ebenfalls mit etwas Mehl bestäuben, mit einem Tuch bedecken und 45 Minuten gehen lassen.

Die Arbeitsfläche mit etwas Mehl bestäuben. Den Teig darauf legen und in 15 Stücke schneiden.

Versuchen Sie, nicht zu viel Mehl zu verbrauchen, streuen Sie nur ein bisschen über Ihre Hände, sodass sie nicht kleben.

Den Teig in Kugeln rollen und in Papierförmchen verteilen oder die Kugeln auf ein mit Backpapier belegtes Blech legen und 10 Minuten gehen lassen.

Die Brötchen ca. 20 Minuten backen.

Vor dem Servieren abkühlen lassen.

Supergut mit leckerer Marmelade oder anderen Favoriten.

Yummy ...

Mediterranean Style Breakfast Bun

Diese Brötchen sind unglaublich lecker, luftig und federleicht. Zwei Zutaten im Teig sind es, die sie so weich und herrlich machen: Kartoffeln und köstlicher Feta … Oh, das kann ja nur gut werden!

Rezept für 12 Stück

1 Würfel frische Hefe (42 g)
250 ml lauwarme Milch
60 g Zucker
50 g Sonnenblumenöl
100 g Feta, gerieben
1 mittelgroße Kartoffel, geschält und gerieben
315 g Weizenmehl und etwas zum Bestäuben
1 TL Salz

Topping:
1 Eiweiß
schwarzer Sesam, Schwarzkümmel oder andere Samen

Den Ofen auf 180 °C vorheizen.

Die Hefe in der lauwarmen Milch auflösen. 15 Minuten stehen lassen, bis die Masse Blasen zu werfen beginnt und Sie wissen, dass die Hefe aktiv ist.

Mediterranean Style! Love it …

Die restlichen Zutaten für den Teig in eine Rührschüssel geben. Die Hefemischung hinzufügen und den Teig kneten, bis er sich vom Rand der Schüssel löst. Den Teig in eine saubere Schüssel legen und mit einem Tuch bedecken. 30–40 Minuten gehen lassen, bis er seine Größe verdoppelt hat. Etwas Mehl auf die Arbeitsfläche stäuben. Den Teig in 12 gleich große Stücke teilen und zu kleinen Brötchen formen. Die Brötchen auf einem mit Backpapier belegten Backblech verteilen. Erneut ca. 10 Minuten gehen lassen.

Die Brötchen mit dem Eiweiß bestreichen und mit etwas Sesam, Schwarzkümmel oder anderen Samen bestreuen. Ca. 25 Minuten backen.

Dann muss man diese superweichen Brötchen nur noch genießen – unglaublich lecker zu Salat oder auch zum Frühstück.

Einfaches Kneippbrot

Eines meiner norwegischen Lieblingsbrote ist Kneippbrot – einfach und schmeckt der ganzen Familie. Dies ist ein schnelles Rezept für normales Kneipp mit Vollkorn-Weizenmehl. In weniger als 90 Minuten können Sie Ihrer Familie frisches Brot servieren.

Rezept für 1 Laib

1 Würfel frische Hefe (42 g)
2 EL Orangensaft
3 EL Zucker
150 g griechischer Joghurt
50 ml Sonnenblumenöl und etwas für Schüssel und Form
1 TL Salz
125 g Weizenmehl
375 g Vollkorn-Weizenmehl

Den Ofen auf 180 °C vorheizen.

Die Hefe in 250 ml lauwarmem Wasser auflösen. Mit allen anderen Zutaten in eine Rührschüssel geben und mindestens 10 Minuten kneten.

Dua
by Riviera Maison
www.happydayediner.com

Den Teig in eine gefettete Schüssel geben. Mit einem Tuch bedecken und 30–40 Minuten gehen lassen, bis er seine Größe verdoppelt hat.

Den Teig herausnehmen, einmal fest auf die Arbeitsfläche schlagen, sodass die Luft aus ihm herausgedrückt wird, und weitere 30 Minuten gehen lassen.

Den Teig auf die Arbeitsfläche legen. Etwas flach drücken und wie eine Biskuitrolle zusammenrollen. In eine gefettete Brotform legen. Ich habe eine Form verwendet, die 20 x 10 cm groß ist. Auf der mittleren Schiene 20–25 Minuten backen. Das Brot nach 10 Minuten Backzeit mit Alufolie bedecken, sodass es oben nicht verbrennt.

Vor dem Genießen ganz abkühlen lassen.

Gesundes Knäckebrot

Vor etwas über einem Jahr kam meine Freundin Trude zu mir und überraschte mich mit leckerem, selbst gebackenem Knäckebrot, das wie ein Geschenk verpackt war. Nachdem ich auf den Geschmack von selbst gemachtem Knäckebrot gekommen bin, ist es zu Hause zu einem festen Bestandteil geworden; es schmeckt zum Frühstück und als Snack am Abend – ich kann nicht genug davon kriegen. Jetzt kann ich dieses Rezept auch mit Ihnen teilen. Ich hoffe, Sie machen es auch, um anderen und sich selbst eine Freude zu machen.

Rezept für 36 Stück

160 g Haferflocken
200 g Roggenmehl, grob gemahlen
75 g Sonnenblumenkerne
70 g Leinsamen
60 g Kürbiskerne
75 g Sesam
½ TL Salz
1 EL Honig

Den Ofen auf 150 °C vorheizen.

Das Rezept mit Schritt-für-Schritt-Bildern folgt auf der nächsten Seite …

A lovely gift to give away …

Yours Truly

Alle Zutaten mit 700 ml Wasser in eine Schüssel geben und gut verrühren.

Backpapier auf der Arbeitsfläche ausbreiten. Den Teig in drei Stücke teilen. Jeweils ein Stück auf das Backpapier legen, mit einem weiteren Bogen Backpapier bedecken und den Teig vorsichtig ausrollen. Den Fladen auf ein Backblech legen und das obere Backpapier entfernen. Den Fladen mit einem Pizzaschneider in ca. 12 gleich große Stücke schneiden. Mit den beiden anderen Fladen wiederholen.

40 Minuten backen – ich verwende dazu Umluft. Dann die Backofentür einen Spalt öffnen und 10 Minuten weiter backen. Die Tür wieder schließen und nochmals 10 Minuten backen. Dann ist das fantastische Knäckebrot fertig zum Genießen – oder um jemand anderem eine Freude zu machen.

Homemade Granola

Wenn ich in Oslo bin, gehe ich sehr oft in die Kaffeebrennerei. Ich liebe es, dort die hausgemachte Granolamischung mit einem köstlichen Passionsfruchtpüree darauf zu essen. Granola ist einfach selbst zu machen – und es wird genauso gut. Dieses Granola ist eine ziemlich gesunde Mischung, die perfekt ist, um sie mit Joghurt oder Milch zum Frühstück zu genießen. Sie brauchen nur noch einen leckeren Café Latte dazu, dann können Sie sich in die Kaffeebrennerei in Oslo träumen …

200 g grobe Haferflocken
50 g Kürbiskerne
50 g Sonnenblumenkerne
4 EL Leinsamen
3 EL Sesam
150–200 g getrocknete Cranberrys
70 g brauner Zucker
75 ml Sonnenblumenöl
75 g flüssiger Honig
75 ml Ahornsirup

Den Ofen auf 180 °C vorheizen.

Das Rezept mit Schritt-für-Schritt-Bildern folgt auf der nächsten Seite …

Ein Backblech mit Backpapier auslegen. Haferflocken, Kürbiskerne, Sonnenblumenkerne, Leinsamen und Sesam auf dem Backblech verteilen. Ca. 8 Minuten in den Ofen stellen, bis alles goldbraun ist und wunderbar duftet. Die Mischung aus dem Ofen nehmen und in eine Schüssel geben. Getrocknete Cranberrys hinzufügen.

Braunen Zucker, Sonnenblumenöl, Honig und Ahornsirup zusammen in einem Topf erhitzen.

Die flüssige Mischung über die Körnermischung gießen. Gut verrühren und in einer Form verteilen.

Für 25–30 Minuten zurück in den Backofen stellen. Dann ganz abkühlen lassen – am besten 1–2 Stunden im Kühlschrank. Die Masse in kleine Stücke zerstoßen, in Gläser füllen und mit leckerem Joghurt oder Milch genießen.

Mein Favorit in der Kaffeebrennerei ist Naturjoghurt mit hausgemachtem Granola und Mango- und Passionsfruchtpüree. Zuhause esse ich es mit selbst gemachtem Lemon Curd. Ich fülle zuerst eine Schicht Lemon Curd in ein Glas, bedecke es mit Naturjoghurt und gebe leckeres selbst gemachtes Granola darauf.

Mmmmm ...

Granola Bars

Granola Bars basieren auf der Granolamischung auf den vorherigen Seiten. Hier habe ich einen Energieriegel gemacht, der sich perfekt als Zwischenmahlzeit eignet, wenn Sie etwas brauchen, das Ihnen besonders viel Power gibt.

Rezept für 16 große Stücke

Rezept für Homemade Granola (siehe Seite 54)
50 g Mandeln, grob gehackt
200 g Schokolade (mind. 70 % Kakaogehalt)

Die Granolamischung nach dem Rezept zubereiten, aber 50 g grob gehackte Mandeln hinzufügen. Wie im Grundrezept beschrieben abkühlen lassen.

Das Rezept mit Schritt-für-Schritt-Bildern folgt auf der nächsten Seite …

Die Schokolade in einem Topf im Wasserbad oder ein paar Minuten in der Mikrowelle schmelzen. Drei Viertel der Granolamischung mit Mandeln in die Schokolade geben und gut vermischen.

Eine Fettpfanne mit Backpapier auskleiden. Die Schokoladen-Granola-Mischung darin verteilen. Das restliche Viertel der Granolamischung darüber streuen. Mit Backpapier bedecken. Das Granola gut andrücken, sodass es an der Schokoladenmischung haften bleibt.

Mindestens 5 Stunden kaltstellen. Dann in Stücke von passender Größe schneiden.

Kann einfach in einem Frischhaltebeutel im Kühlschrank aufbewahrt werden – immer gut, es als Snack im Vorrat zu haben, wenn Sie ein wenig Hunger haben und etwas Leckeres essen wollen, ohne ein schlechtes Gewissen zu bekommen.

Lemon Pop-up Rolls

Dieses Gebäck hat eine kleine Geschichte: Eines Tages, als ich in der Küche stand und für meinen Blog backen wollte, hatte ich die Idee, Zitronenschnecken zu machen. Ich dachte, es wäre besonders fancy, sie in hübschen großen Muffinformen zu machen, also stellte ich sie in den Ofen und gönnte mir 15 Minuten Pause in der Sonne, während ich mich darauf freute, die fertigen Schnecken zu sehen. Ich konnte den Duft im Garten schon riechen … Als ich in die Küche kam und die Ofentür öffnete, bekam ich einen Schock! Die hübschen Schnecken, die ich erwartet hatte, waren hoch in die Luft gepoppt. Ich war verzweifelt, weil ich keine Zeit mehr hatte, neue Schnecken für den Blog zu backen, also entschied ich mich, sie Lemon Pop-up Rolls zu nennen. Nachdem ich dieses Rezept im Blog lanciert hatte, gab es viele, die sie nachbackten und schrieben: „Heute habe ich Manuelas Lemon Pop-up Rolls gebacken." Oh, ich muss jedesmal lachen, wenn ich das sehe! Wenn sie gewusst hätten, dass es eigentlich Katastrophenschnecken waren! Aber lecker sind sie, superlecker sogar, und so fluffig, dass sie auf der Zunge zergehen. Eine Schnecke ist nicht genug! Wenn Sie Zitronen mögen, werden Sie sie lieben!

Rezept für 24 Stück

1 Grundrezept French-Vanilla-Hefeteig (siehe Seite 26)
abgeriebene Schale von 1 unbehandelten Zitrone
Lemon Curd (siehe Seite 37)

Lemon Cheese Frosting:
100 g Frischkäse
125 g Puderzucker
Saft von 1–2 Zitronen
abgeriebene Schale von 1 unbehandelten Zitrone

Den Ofen auf 175 °C vorheizen.

Alle Zutaten wie im Grundrezept für French-Vanilla-Hefeteig beschrieben in eine Rührschüssel geben, aber zusätzlich die abgeriebene Zitronenschale hinzufügen. Den Teig kneten, bis alles gut vermischt ist. Die Küchenmaschine ausschalten, die Schüssel mit einem Tuch bedecken und den Teig 15 Minuten ruhen lassen.

Den Teig auf mittlerer Stufe mindestens 20 Minuten weiterkneten. Anfangs sieht es so aus, als bräuchte der Teig mehr Flüssigkeit, aber kneten Sie einfach weiter, dann wird er ganz wunderbar – am besten kein Mehl mehr hinzufügen.

thank you
at home with magnolia

Eine Schüssel mit etwas Butter einfetten, den Teig hineinlegen und ca. 40 Minuten gehen lassen, bis sich seine Größe verdoppelt hat.

Den Teig ausrollen, mit Lemon Curd bestreichen und vorsichtig zu einer Rolle zusammenrollen. In passende Stücke schneiden – ich schneide sie ziemlich groß, 2–3 cm breit. Auf ein mit Backpapier belegtes Backblech legen und nochmals ca. 20 Minuten gehen lassen. Man kann sie auch in Muffinformen backen, wenn man den Pop-up-Effekt will.

15–20 Minuten backen.

Lemon Cheese Frosting:
Frischkäse, Puderzucker und Zitronensaft gut vermischen und auf die frisch gebackenen Schnecken streichen. Mit der abgeriebenen Schale dekorieren.

Belgian Liege Sugar Waffles

Ich bin in den Niederlanden mit den köstlichen Belgischen Waffeln aufgewachsen. Wir fuhren mindestens zweimal in der Woche nach Belgien, und überall gab es auf der Straße Buden, die Waffeln verkauften. Typische Belgische Waffeln sind mit frischer Hefe gemacht wie diese hier, aber statt normalem Zucker verwende ich belgischen Perlzucker. Am besten schmecken sie warm; in Belgien werden sie mit verführerischer flüssiger Schokolade, Nutella, Eiscreme mit Früchten oder geschlagener Sahne serviert. Man kann sie auch in einem normalen Waffeleisen backen – es ist ja trotz allem der Geschmack, der zählt, und nicht das Aussehen. Und ich persönlich finde eine herzförmige Belgische Waffel genauso hübsch.

Rezept für 20 Stück

1 Würfel frische Hefe (42 g)
440 g Weizenmehl
230 g zimmerwarme Butter und etwas für Schüssel und Waffeleisen
2 Eier (Größe M)
½ TL Salz
½ Vanillestange oder 1 TL Vanillezucker
225 g Perlzucker

Die Hefe in 175 ml lauwarmem Wasser auflösen. Dann alle Zutaten zusammen in eine große Rührschüssel geben – denken Sie daran, dass die Butter zimmerwarm sein muss.

Das Rezept mit Schritt-für-Schritt-Bildern folgt auf der nächsten Seite …

Den Teig ca. 5 Minuten kneten, bis alles gut vermischt ist. Geben Sie kein Mehl mehr hinzu, auch wenn der Teig klebrig wird.

Eine Schüssel mit Butter einfetten und den Teig hineinlegen. Mit einem Tuch bedecken und 30 Minuten gehen lassen, bis sich seine Größe verdoppelt hat. Die Luft aus dem Teig schlagen und weitere 30 Minuten stehen lassen.

Das Waffeleisen erhitzen und mit Butter bestreichen. Einen großen Teigklumpen in das Eisen legen – wie Sie sehen, wird nicht die ganze Form bedeckt – und die Waffeln nach und nach backen.

Belgische Waffeln haben eine typische Vierecksform. Dann muss man diese superleckeren Waffeln in echt belgischem Stil nur noch mit viel verführerischer dunkler Schokolade und herrlichen frischen Früchten genießen.

Very Vanilla Donuts

GRUNDREZEPT

Dies sind meine Lieblingsdonuts. Ich bin ja sowieso ein großer Fan von Vanille und wollte Donuts machen, die locker, mit feinem Vanille- und ohne viel Ölgeschmack sind. Die hier sind perfekt geeignet, um sie für die ganze Familie zu machen – alle werden sie lieben!

Rezept für 30 Stück

1 Würfel frische Hefe (42 g)
250 ml lauwarme Milch
3 EL Zucker
550–650 g Weizenmehl (die letzten 100 g erst kurz vor Schluss hinzufügen, falls der Teig immer noch klebrig ist)
100 g Butter
3 Eier (Größe M)
Mark von ½ Vanillestange

Zucker-Vanille-Mischung:
Mark von ½ Vanillestange
250 g Zucker

Zum Ausbacken:
Sonnenblumenöl

Die Hefe in eine Schüssel geben. Lauwarme Milch, 50 ml lauwarmes Wasser und 1 EL Zucker hinzufügen. 10 Minuten zur Seite stellen – dann wirft die Hefe Blasen, was zeigt, dass sie aktiv ist.

Den restlichen Zucker, Mehl, Butter, Eier und Vanillemark in eine Rührschüssel geben.

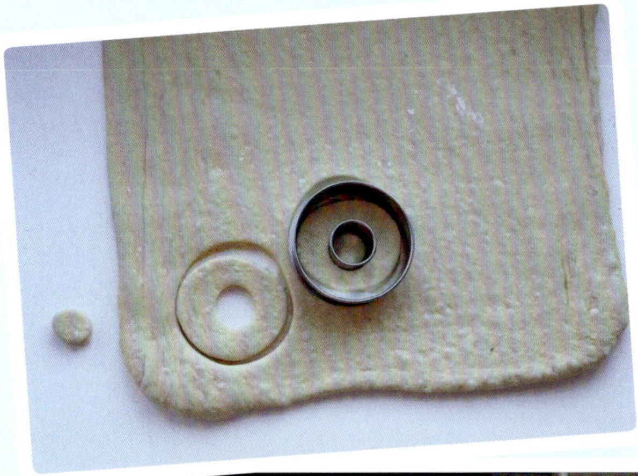

Die Hefemischung hinzufügen und gut verkneten, bis der Teig sich von den Rändern der Schüssel löst. Den Teig in eine saubere Schüssel legen, mit einem Tuch bedecken und 30–40 Minuten gehen lassen, bis er seine Größe verdreifacht hat.

Den Teig auf die Arbeitsfläche legen und zu einem Viereck ausrollen – meines ist ca. 1 cm dick. Mit einer Ausstechform Kreise in passender Größe ausstechen. Mit einer kleineren Ausstechform ein Loch in die Mitte stechen. Mit einem Tuch bedecken und nochmals 20 Minuten gehen lassen.

In der Zwischenzeit die Zucker-Vanille-Mischung zubereiten. Dafür Vanillemark und Zucker gut vermischen und beiseite stellen.

Das Sonnenblumenöl zum Ausbacken in einem Topf erhitzen. Den Herd ausschalten, wenn das Öl heiß ist, und die Donuts nacheinander jeweils 30 Sekunden ausbacken. Umdrehen und auf der anderen Seite backen. Aus dem Öl nehmen und auf Küchenpapier 30 Sekunden abtropfen lassen. Dann in der Zucker-Vanille-Mischung wälzen.
Dann muss man diese superleckeren Donuts nur noch genießen und am besten mit anderen teilen ...

Tipp!
Die Reste des Teigs, die Sie aus der Mitte gestochen haben, lassen sich wunderbar weiterverwerten, z. B. für die Apple Frites auf Seite 74.

Apple Frites

Zum ersten Mal habe ich Apple Frites letztes Jahr in einer Donutbude in New York probiert. Ich wollte wissen, woraus sie gemacht waren, und man sagte mir, es seien die Löcher, die aus den Donuts ausgestochen, mit Äpfeln, Zimt und Zucker vermischt und mit Glasur beträufelt wurden. Ich fand sie absolut lecker – und die Idee, Teigreste aufzubrauchen, ist ja genial!

Rezept für 15 Stück

⅓ Grundrezept Very Vanilla Donuts (siehe Seite 70) oder die „Donut-Löcher“
250 g Äpfel
50 g Zucker
3 EL Zitronensaft
1 EL Zimt
1 EL Weizenmehl

Zum Ausbacken:
Sonnenblumenöl

Zum Beträufeln:
Vanilleglasur (siehe Seite 106)

Das Rezept mit Schritt-für-Schritt-Bildern folgt auf der nächsten Seite …

ALL NATURAL
WITH PURE
CANE SUGAR
BOYLAN
SUGAR
CANE COLA
BOTTLEWORKS

Ein Drittel des Grundrezepts Very Vanilla Donuts zubereiten oder die „Donut-Löcher“ von Seite 73 verwenden.

Die Äpfel in Würfel schneiden und in einen Topf geben. Zucker und Zitronensaft hinzufügen. Bei mittlerer Hitze unter Rühren erhitzen, bis der Zucker aufgelöst ist und die Apfelstücke ganz weich sind – mindestens 5 Minuten.

Den Topf vom Herd nehmen und 5 Minuten stehen lassen. Zimt und Mehl hinzufügen und gut verrühren. Den Teig aus den Löchern, die aus den Donuts ausgestochen wurden, verwenden, oder einfach kleine Teigkugeln formen wie auf dem Bild. Machen Sie so viele sie wollen – hier wurde ca. ein Drittel des Grundrezeptes benutzt. Wenn Sie mehr haben wollen, machen Sie einfach mehr von der Apfelmischung.

Die Apfelmischung auf die Teigresten aufteilen und vorsichtig miteinander mischen. Zu 15 Kugeln formen, auf einem Backblech verteilen, mit einem Tuch bedecken und 10 Minuten ruhen lassen.

In der Zwischenzeit das Sonnenblumenöl in einem Topf erhitzen. Die Platte auf niedrigste Stufe stellen, wenn das Öl heiß genug ist. Ein Stück nach dem anderen ausbacken. Die warmen Apple Frites auf Küchenpapier legen und abtropfen lassen.

Die Glasur zubereiten und darüber träufeln.

Party

My Mom's Favorite Sweet Rolls

Als ich klein war, backte Mama diese Schnecken immer, wenn wir Gäste hatten. Es war ihr Lieblingsgebäck, und die Gäste liebten es ebenfalls. Diese Schnecken beinhalten köstliche weiße belgische Schokolade, Aprikosenkonfitüre und Rosinen und werden mit verführerischer Glasur beträufelt.

Rezept für 15–18 Stück

1 Grundrezept French-Vanilla-Hefeteig (siehe Seite 26)
100 g Aprikosenkonfitüre
50 g Rosinen
100 g weiße Schokolade, zerbröckelt

Zum Bestreichen:
evtl. Aprikosenkonfitüre
evtl. Vanilleglasur (siehe Seite 106)

Den Ofen auf 200 °C vorheizen.

Das Rezept mit Schritt-für-Schritt-Bildern folgt auf der nächsten Seite …

French-Vanilla-Hefeteig nach dem Grundrezept zubereiten. Den Teig mit einem Tuch bedecken und mindestens 30–45 Minuten gehen lassen.

Den Teig auf die Arbeitsfläche legen und ziemlich flach ausrollen. Den Fladen mit Aprikosenkonfitüre bestreichen (ein wenig angewärmt lässt sie sich besser verstreichen). Mit Rosinen und weißer Schokolade bestreuen.

Den Teig vorsichtig zu einer Rolle zusammenrollen und in geeignet große Stücke schneiden. Die Stücke auf ein mit Backpapier belegtes Blech legen und nochmals ca. 10 Minuten gehen lassen.

Ca. 20 Minuten backen. Die Backzeit kann von Ofen zu Ofen variieren.

Nach dem Backen können die Schnecken mit warmer Aprikosenkonfitüre und mit Vanilleglasur bestrichen werden.

Breakfast Buns

Dieses Gebäck bekommt man in den USA oft in Cafés, und ich liebe es. Es ist locker, nicht so extrem süß und passt perfekt zu einer schönen Tasse Tee und einer guten Zeitschrift zum Frühstück.

Rezept für 12 Stück

1 Würfel frische Hefe (42 g)
75 ml lauwarme Milch
220 g Weizenmehl
2 Eier (Größe M)
1 Eigelb
1 TL reiner Vanilleextrakt (ersatzweise gemahlene Vanille)

Füllung:
15 g Butter
2 EL Zucker

Zuckerüberzug:
60 g Butter
1 TL Zimt
120 g Zucker

Fett für das Muffinblech

Den Ofen auf 180 °C vorheizen.

Das Rezept mit Schritt-für-Schritt-Bildern folgt auf der nächsten Seite ...

Die Hefe in einer Rührschüssel in 2 EL lauwarmem Wasser auflösen. Die Milch und die Hälfte des Mehls hinzufügen. Gut verkneten. Den Teig abgedeckt ruhen lassen, bis sich seine Größe verdoppelt hat – ca. 40 Minuten. In einer zweiten Schüssel Eier, Eigelb und Vanilleextrakt verrühren. Die Mischung zum gegangenen Teig hinzufügen und das restliche Mehl unterkneten. Ca. 5 Minuten weiterkneten. Den Teig erneut abgedeckt gehen lassen, bis sich seine Größe verdoppelt hat. Den Teig bis zum nächsten Tag in den Kühlschrank stellen.

Füllung:
Den Teig am nächsten Morgen zu einem Rechteck ausrollen. Die Butter schmelzen und auf den Teig streichen. Mit Zucker bestreuen. Den Teig gut verkneten und in 12 Stücke teilen. Die Stücke in einem gefetteten Muffinblech verteilen. Gut in die Löcher drücken und stehen lassen, bis der Teig Zimmertemperatur hat, 30–50 Minuten. Ca. 20 Minuten backen, abhängig davon, welche Art von Ofen Sie haben.

Zuckerüberzug
Die Butter schmelzen. Zucker und Zimt in einer Schüssel verrühren. Das Gebäck mit Butter bestreichen und in die Zimt-Zucker-Mischung tauchen. Genießen Sie es, während es noch warm ist!

Ja, was kann man mehr sagen als: Backen Sie es, Sie werden es genießen!

Tipp!
Wenn es Ihnen zu umständlich ist, bis zum folgenden Tag zu warten, können Sie dieses Gebäck auch mit meinem Teig für süßes Hefegebäck von Seite 22 machen. Das geht etwas schneller und ist auch sehr lecker ... Folgen Sie einfach dem Grundrezept, rollen Sie den Teig aus und legen Sie die Teile in ein Muffinblech. Sie brauchen den Teig nicht nochmal gehen zu lassen, stellen Sie die Form einfach gleich bei 180 °C in den Ofen, wie im Grundrezept beschrieben – und genießen Sie!

Lovely & Creamy Vanilla Rice Buns

Dieses Milchreisgebäck habe ich mir speziell im Hinblick auf die norwegische Tradition mit der Mandel im Reisbrei am Tag vor Heiligabend ausgedacht. Ich liebe Norwegen und die fantastischen Traditionen in diesem Land. Nach der Mandel im Reis suchen … Tja, das ist eine neue Art, my way.

Rezept für 24 Stück

1 Grundrezept Süßes Hefegebäck (siehe Seite 22)
1 Rezept Crème pâtissière (siehe Seite 89)
500 g fertiger Milchreis
25 Mandeln

Zum Beträufeln:
Vanilleglasur (siehe Seite 106)

Den Ofen auf 180 °C vorheizen.

Den Teig für Süßes Hefegebäck nach dem Grundrezept zubereiten und gehen lassen.

Etwas Mehl auf die Arbeitsfläche und auf den Teig stäuben. Den Teig etwas zusammendrücken – evtl. mit dem Nudelholz, denn der Teig ist sehr weich – und zu einem Rechteck oder Quadrat ausrollen.

The Heart of the Home

Selbst gemachte Crème pâtissière und fertig gekauften Milchreis in einer Schüssel vermischen. Drei Viertel der Mischung auf dem Teig verteilen und zusammenrollen. Die Teigrolle in ca. 20 Stücke schneiden und z.B. in Muffinformen legen.

Das Gebäck nochmals ca. 10 Minuten gehen lassen. Falls vorhanden, am besten die Umluftfunktion des Ofens benutzen, aber es geht auch gut ohne. Das Gebäck 20–25 Minuten backen.

Oh, es riecht schon fast nach Weihnachten … Das Wichtigste zum Schluss: Eine Mandel in eines der fertigen Gebäckstücke stecken. Denn wer die Mandel erwischt, hat Glück!

Mit je einer Mandel belegen und mit etwas leckerer Vanilleglasur beträufeln – perfect for Christmas Time in Norway …

Crème pâtissière

Eine füllige, dicke Vanillecreme

500 ml Milch
1–2 TL reiner Vanilleextrakt oder 1 Vanillestange
4 Eigelb
75 g Zucker
40 g Maisstärke

Milch und Vanilleextrakt oder längs aufgeschlitzte Vanillestange in einen Topf geben und zum Kochen bringen.

Währenddessen Eigelbe, Zucker und Maisstärke in einer Schüssel miteinander verschlagen, bis die Masse schön locker wird.

Die Vanillestange herausnehmen, falls Sie eine benutzt haben, und die kochende Milch langsam zur Creme hinzufügen. Dabei gut schlagen.

Anschließend alles zurück in den Topf gießen. Bei schwacher Hitze ca. 5 Minuten weiterschlagen.

Die Masse in eine Schüssel geben. Mit Frischhaltefolie bedecken und zur Seite stellen, bis die Creme abgekühlt ist.

Sweet Rolls & Brownies Surprise Inside

In diesen Sweet Rolls sind Brownies, verführerische frische Himbeeren und herrliche dunkle Schokolade – besser kann es fast nicht werden. Perfekt zu machen, wenn Sie Reste von Ihren Lieblingsbrownies übrig haben.

Rezept für 20–30 Stück

1 Grundrezept Süßes Hefegebäck (siehe Seite 22)
Browniesreste
frische Himbeeren
Schokoladentröpfchen

Zum Bestreichen, Bestreuen und Dekorieren:
1 Eiweiß
evtl. Zucker
evtl. Vanilleglasur (siehe Seite 106)
evtl. ein paar Tropfen Lebensmittelfarbe

Den Ofen auf 180 °C vorheizen.

Den Teig für Süßes Hefegebäck nach dem Grundrezept von Seite 22 herstellen. 30–45 Minuten gehen lassen und dann in 20–23 Stücke teilen.

Das Rezept mit Schritt-für-Schritt-Bildern folgt auf der nächsten Seite …

Congratulations

Die Stücke zu Kugeln rollen und etwas flach drücken. Ein kleines Stück Ihrer Lieblingsbrownies, etwas frische Himbeeren und ein paar Schokoladentröpfchen darauf legen – wie viel, liegt bei Ihnen.

Die Seiten zur Mitte falten und das Gebäck auf ein Backblech oder in Formen legen. Ich habe diese hier zum Kindergeburtstag eines Mädchens gebacken, also habe ich hübsche rosa Muffinförmchen verwendet.

Das Gebäck 5–10 Minuten gehen lassen, mit Eiweiß bestreichen und evtl. mit etwas Zucker bestreuen.

Ca. 15 Minuten backen. Nach 10 Minuten nachschauen. Wenn Sie Umluft verwenden, geht es schneller.

Ganz abkühlen lassen, bevor Sie sie evtl. mit Vanilleglasur und Lebensmittelfarbe dekorieren.

Perfekt für Gäste – sie werden sich sicher über die kleine Überraschung in der Mitte dieser Leckerei freuen …

THIS
IS
YOUR
SPECIAL
DAY

Brioche Raspberry

Diese köstlichen Brioches sind mit einer herrlichen Himbeer-Mandel-Masse gefüllt. Sie sind sehr saftig – nicht zu süß und nicht zu sauer. Perfekt für eine Kaffeepause anytime.

Rezept für 24 Stück

1 Grundrezept Brioche (siehe Seite 30)
100 g gemahlene Mandeln
100 g Puderzucker
1 Eiweiß
100 g frische Himbeeren

Mehl für die Arbeitsfläche

Den Ofen auf 180 °C vorheizen.

Das Grundrezept für Brioche zubereiten. Den Teig in eine Schüssel legen, mit Frischhaltefolie bedecken und über Nacht im Kühlschrank gehen lassen.

Das Rezept mit Schritt-für-Schritt-Bildern folgt auf der nächsten Seite …

Hôtel-Restaurant du Musé
Téléphone 15 - COLMAR
CHAMBRES MODERNES
DANS TOUTES LES
ÉLECTRICITÉ
DÉJEUNERS - DINERS
CARTE

Die Arbeitsfläche mit etwas Mehl bestreuen, den Teig darauf legen und flach ausrollen.

Gemahlene Mandeln, Puderzucker und Eiweiß in einer Schüssel gut vermischen. Die Mischung auf dem Teig verteilen. Die Himbeeren leicht zerdrücken und dazugeben. Den Teig zu einer Rolle zusammenrollen und in passende Stücke schneiden.

Ein Backblech mit Backpapier belegen. Die Schnecken auf das Backblech legen und mindestens 1–2 Stunden ruhen lassen, bis sie Zimmertemperatur erreicht haben.

Ca. 15 Minuten backen, bis die Schnecken goldbraun sind.

Zu diesen Brioches passt eine schöne Tasse mit heißem Kaffee oder Tee.

Sunshine Buns & Skolebrød

Skolebrød ist eines der besten Gebäcke, die ich kenne. Als Kind hatte ich die ganzen Sommerferien über jeden Mittwoch den besten Tag der ganzen Woche, da durfte ich nämlich „Unsere kleine Farm“ sehen und mit Großmutter ins Café gehen und Skolebrød essen. Es ist eine wunderbare Erinnerung, die fest in meinem Herzen ist. Ich vermisse Großmutter sehr, aber ich habe immer noch die Erinnerungen. Ich nenne dieses Gebäck Sunshine Buns, weil sie mir ein paar der glücklichsten Stunden meines Lebens verschafften.

Rezept für 25 Stück

1 Grundrezept Süßes Hefegebäck (siehe Seite 22)
Crème pâtissière (siehe Seite 89)

Zum Dekorieren:
Vanilleglasur (siehe Seite 104)
Kokosflocken

Den Ofen auf 180 °C vorheizen.

Den Teig für Süßes Hefegebäck nach dem Grundrezept zubereiten und 45 Minuten gehen lassen.

Das Rezept mit Schritt-für-Schritt-Bildern folgt auf der nächsten Seite ...

HANDMADE
with
Love

Kleine Kugeln rollen, ca. 45 g pro Stück. Backbleche mit Backpapier belegen. Die Kugeln auf den Blechen verteilen oder wie ich in Muffinformen legen. Die Kugeln erneut ca. 15 Minuten gehen lassen.

In jede Kugel mit einem Esslöffel oder ähnlichem eine Vertiefung drücken. Etwas Crème pâtissière in die Vertiefung geben.

10–15 Minuten backen.

Das Gebäck aus dem Ofen nehmen und den herrlichen Duft genießen. Oh, selbst gebackenes Skolebrød ist so lecker!

Die Vanilleglasur zubereiten. Den Rand rundherum mit der Vanilleglasur benetzen und dann in Kokosflocken tauchen.

American Cinnamon Rolls

Diese amerikanische Variante ist für mich die ultimative Cinnamon-Rolls-Version – so fluffig, dass sie regelrecht auf der Zunge zergehen. Ich habe mit Zucker und viel Zitrone vermischten Frischkäse darauf gegeben, was einen herrlich frischen Geschmack gibt.

Rezept für 12 Stück

1 Grundrezept French-Vanilla-Hefeteig (siehe Seite 26)

Füllung:
30–40 g zerlassene Butter
150 g brauner Zucker
1–2 TL Zimt
100 g Walnusskerne

Frosting:
100 g Frischkäse
120 g Puderzucker
Saft von 1–2 Zitronen

Öl oder Fett für die Schüssel

Den Ofen auf 175 °C vorheizen.

Den Teig wie im Grundrezept beschrieben zubereiten. Eine Schüssel mit etwas Öl oder Fett einfetten. Den Teig kneten und in die Schüssel legen. Ca. 40 Minuten abgedeckt gehen lassen, bis sich seine Größe verdoppelt hat.

Das Rezept mit Schritt-für-Schritt-Bildern folgt auf der nächsten Seite …

Standard
VINTAGE
EDITION
NO. 3

Den Teig ausrollen – ich rolle ihn so lang und dünn aus, wie ich kann, denn dann werden die Schnecken am allerbesten, finde ich.

Die Zutaten für die Füllung vermischen. Den Teig mit zerlassener Butter bestreichen und mit braunem Zucker, Zimt und Walnüssen bestreuen. Den Teig vorsichtig zu einer Rolle rollen.

Die Rolle in passende Stücke schneiden; ich schneide sie ziemlich groß, 2–3 cm breit. Die Schnecken auf ein mit Back-papier belegtes Backblech legen und nochmals ca. 20 Minuten gehen lassen. 15–20 Minuten backen.

Alle Zutaten für das Frosting verrühren und auf die Schnecken geben, sobald sie aus dem Ofen kommen. Enjoy!

Delicious Baked Vanilla Donuts

Diese Donuts sind mit Vanillepuddingpulver im Teig gemacht, was sie noch köstlicher werden lässt. Sie müssen kein Vanillepudding-pulver dazugeben, aber ich finde, das macht den Geschmack noch eine Spur intensiver. Nach dem Backen tauche ich sie in pastellfarbene Glasur mit Vanillegeschmack. Unglaublich delikat und sehr passend für einen netten Abend mit Freundinnen.

Rezept für 20 Stück

30 g zerlassene Butter und etwas für die Schüssel
1 Würfel frische Hefe (42 g)
350 ml lauwarme Milch
150 g Zucker
90 g Jell-O Vanillepuddingpulver oder Vanillesaucen-pulver (kann weggelassen werden)
1 EL reiner Vanilleextrakt (ersatzweise gemahlene Vanille)
½ TL Zimt
knapp ¼ TL Salz
2 Eier (Größe M)
625 g Weizenmehl

Vanilleglasur:
300–400 g Puderzucker
ein paar Tropfen Vanilleextrakt (ersatzweise 1 Prise gemahlene Vanille)
evtl. ein paar Tropfen Lebensmittelfarbe

Zum Bestreuen:
Zuckerstreusel

Den Ofen auf 190 °C vorheizen.

Das Rezept mit Schritt-für-Schritt-Bildern folgt auf der nächsten Seite ...

Die Butter schmelzen. Die Hefe in der lauwarmen Milch auflösen.

Die restlichen Zutaten in eine Rührschüssel geben. Die Milch-Hefe-Mischung hinzufügen. Kneten, bis sich der Teig von den Rändern der Schüssel löst.

Eine saubere Schüssel einfetten. Den Teig in die Schüssel legen und 30–45 Minuten abgedeckt gehen lassen.

Den Teig auf eine saubere Arbeitsfläche legen und ca. 1 cm dick ausrollen. Mit einer Ausstechform kleine Kreise ausstechen. Wenn sie in Donut Pans gebacken werden sollen (die gibt es in small, medium, large, herzförmig usw.), verwende ich eine Ausstechform, die genauso groß ist wie der Durchmesser der Form, und mache ein kleines Loch in die Mitte. Wenn Sie keine solchen Formen haben, stechen Sie einfach kleine Kreise aus und formen kurz vor dem Backen ein

kleines Loch in die Mitte. Es ist wichtig, es erst kurz vor dem Backen zu machen, sonst kann es sein, dass das Loch beim Gehenlassen wieder verschwindet.

Erneut ca. 10 Minuten gehen lassen.

8–10 Minuten backen, bis sie goldbraun und ziemlich locker sind.

Ganz abkühlen lassen, bevor sie evtl. in Glasur getaucht werden. Ich verwende eine Vanilleglasur in diversen Pastellfarben.

Die Zutaten für die Glasur mit 1–2 EL Wasser gut verrühren. Die Donuts in der Glasur wenden und mit Zuckerstreuseln bestreuen.

So delikat in vielen hübschen Pastellfarben – perfekt für jeden Anlass. Diese zartrosa Donuts sind z. B. toll für eine Babyshower. Die Farben, die ich hier verwendet habe, sind von Wilton in Rosa und Gelb. Verwenden Sie nur einen winzigen Tropfen auf einem Zahnstocher, um die Glasur in Pastellfarben zu färben.

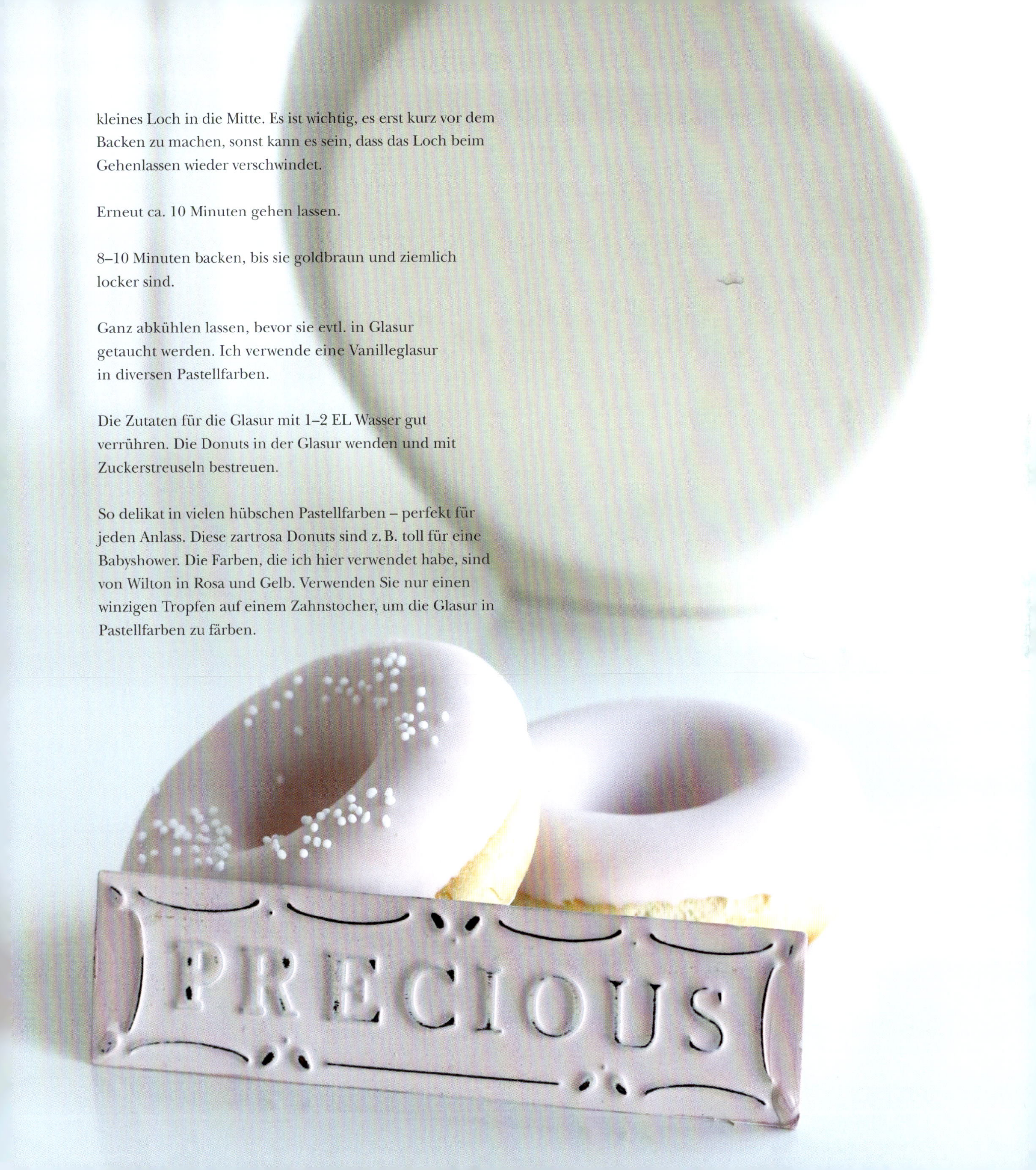

Sweet Soft & Fluffy Cranberry Buns

Diese Cranberry-Brötchen sind so unglaublich weich und lecker. In ihnen stecken geriebene Zitronenschale und herrliche getrocknete Cranberrys – super zu einer Tasse dampfend heißem Kaffee.

Rezept für 12–15 Stück

240 g Weizenmehl
50 g Zucker
1 Ei (Größe M)
1 Eigelb (das Eiweiß zum Bestreichen des Gebäcks benutzen)
60 g zimmerwarme Butter
1 Würfel frische Hefe (42 g)
abgeriebene Schale von 1 unbehandelten Zitrone
100–150 g Cranberrys

Zum Bestreichen:
1 Eiweiß (s. o.)

Den Ofen auf 200 °C vorheizen.

Das Rezept mit Schritt-für-Schritt-Bildern folgt auf der nächsten Seite …

HANDMADE
with Love

Mehl, Zucker, Ei, Eigelb und Butter in eine Rührschüssel geben.

Die Hefe in 3 EL lauwarmem Wasser auflösen. Die aufgelöste Hefe, die abgeriebene Zitronenschale und die Cranberrys mit in die Rührschüssel geben.

Den Teig 5 Minuten kneten. Die Schüssel mit einem Tuch bedecken und den Teig 15 Minuten ruhen lassen. Dann ca. 15 Minuten weiter kneten.

Den Teig in eine große, saubere Schüssel legen und an einem warmen Ort abgedeckt mindestens 40 Minuten gehen lassen.

Den Teig in 12–15 gleich große Stücke teilen; ich verwende eine Waage, damit die Brötchen gleich groß werden. Ein Backblech mit Backpapier belegen. Die Brötchen auf das Backblech legen und weitere 10 Minuten gehen lassen.

Mit Eiweiß bestreichen und auf mittlerer Schiene im Backofen 18–20 Minuten backen. Kurz abkühlen lassen, bevor Sie sie genießen.

Faschingsgebäck Vintage Style

Dieses süße Vintage Style-Faschingsgebäck ist so köstlich, und es macht Spaß, jedes einzelne in einer kleinen Schachtel zu servieren. Ich bin in den Niederlanden zwar nicht mit dieser Tradition aufgewachsen, kann mich jedoch noch gut daran erinnern, als ich solch ein Gebäck zum ersten Mal in Norwegen probiert habe. Ich bekam sofort Lust, meine eigene Variante von Faschingsgebäck zu backen und es in süße rosa Vintage-Schachteln zu verpacken.

Rezept für 24 Stück

1 Grundrezept Süßes Hefegebäck (siehe Seite 22)
1 Eiweiß
Puderzucker zum Bestreuen

Mandelfüllung:
100 geschälte, gemahlene Mandeln
50 g Puderzucker
½–1 Eiweiß

Vanillefüllung:
250 g Sahne
40 g Zucker
300 ml Creme pâtissière (siehe Seite 89)

Dekoration:
evtl. rosa Schokoladenkugeln oder anderes

Den Ofen auf 180 °C vorheizen.

Den Teig zubereiten, wie im Grundrezept beschrieben.

45 Minuten gehen lassen.

Das Rezept mit Schritt-für-Schritt-Bildern folgt auf der nächsten Seite …

Den Teig flach ausrollen und in gleich große längliche Stücke schneiden. Jedes Stück zusammenrollen und in eine Schale oder auf ein mit Backpapier belegtes Backblech legen. Weitere 15 Minuten gehen lassen. Mit Eiweiß bestreichen und mit etwas Puderzucker bestreuen. Ca. 15 Minuten backen. Ganz abkühlen lassen.

Für die Mandelfüllung alle Zutaten gut vermischen. Die Gebäckstücke in der Mitte einschneiden und die Füllung darin verteilen.

Vanillefüllung: Sahne mit Zucker steif schlagen. Die Crème pâtissière einrühren. Die Füllung in einen Spritzbeutel mit großer Tülle geben und einen Streifen Creme oben auf das Gebäck spritzen. Evtl. mit weichen rosa Schokoladenkugeln dekorieren.

Dann muss man nur noch Kerzen am Tisch anzünden, ein wenig tolle Musik auflegen, die Familie rufen und dieses leckere Gebäck servieren …

Brioche Pineapple

Diese Ananas-Brioches sind das frischeste Gebäck, das man sich vorstellen kann. Jedes Stück strahlt einfach Sommer, Sonne & Freude aus … Sie sind so lecker, dass Sie diese Geschmackskombination einfach probieren müssen.

Rezept für 24 Stück

1 Grundrezept Brioche (siehe Seite 30)
1 kleine Dose Ananas in Stücken
Ananaskonfitüre

Mehl für die Arbeitsfläche

Zum Bestäuben:
Puderzucker

Den Ofen auf 180 °C vorheizen.

Den Teig nach dem Grundrezept zubereiten und über Nacht kalt stellen, nachdem er gegangen ist.

Die Arbeitsfläche mit etwas Mehl bestäuben. Den immer noch kalten Teig darauf legen und dünn ausrollen. Ananasstücke und Ananaskonfitüre auf dem Teig verteilen. Zu einer Rolle zusammenrollen und in große Stücke schneiden.

Eine Fettpfanne mit Backpapier auskleiden. Die Schnecken darauf legen. Mindestens 1–2 Stunden ruhen lassen, bis sie Zimmertemperatur haben.

Ca. 15 Minuten backen. Kurz abkühlen lassen und mit etwas Puderzucker bestäuben …

Sweet Honey Rolls

Dies sind süße, superleckere Brötchen – perfekt mit Marmelade darauf und einer herrlichen Tasse Tee oder einem Glas Milch dazu. Sie sind mit Honig gebacken und werden auch mit süßem Honig bestrichen, bevor sie in den Ofen geschoben werden. So weich, so fantastisch köstlich und außerdem so einfach zu machen …

Rezept für 12–15 Stück

1 Würfel frische Hefe (42 g)
400 g Weizenmehl und etwas für die Arbeitsfläche
85 g Honig
1 TL Salz
1 Ei (Größe M)

Zum Bestreichen:
15 g Butter
1 EL Honig

Den Ofen auf 200 °C vorheizen.

Das Rezept mit Schritt-für-Schritt-Bildern folgt auf der nächsten Seite …

Dream Big

Die Hefe in 250 ml lauwarmem Wasser auflösen. Mehl, Honig, Salz und Ei in eine Rührschüssel geben. Die Hefemischung hinzufügen und den Teig mindestens 15 Minuten kneten. Der Teig ist extrem klebrig, aber er soll so sein, also lassen Sie sich nicht dazu verleiten, mehr Mehl hinzuzufügen. Sollte es wirklich notwendig sein, so tun Sie es erst, nachdem der Teig gegangen ist.

Die Schüssel mit einem Tuch bedecken. Den Teig an einem warmen Ort 30–40 Minuten gehen lassen. Etwas Mehl auf die Arbeitsfläche stäuben. Den Teig herausnehmen und in 12–14 gleich große Stücke teilen, ich verwende dazu eine Waage. Ein bis zwei Backbleche mit Backpapier belegen und die Brötchen darauf verteilen. Weitere 10 Minuten gehen lassen.

Die Butter schmelzen und den Honig hinzufügen. Die Brötchen mit der Mischung bestreichen.

Die Brötchen auf mittlerer Schiene 10–13 Minuten backen. Die Backzeit hängt davon ab, was für eine Art von Ofen Sie haben. Noch einmal mit der Butter-Honig-Mischung bestreichen.

Dann muss man diese fantastischen Honigbrötchen nur noch genießen. Teilen Sie am besten Ihre Backfreude mit anderen um Sie herum, indem Sie sie mit diesem Brötchen überraschen …

I Love You & Sweet Almonds Buns

Diese Brötchen sind so weich und lecker; am allerliebsten esse ich sie mit Marmelade … Sie sind nach dem Grundrezept für süßes Hefegebäck gemacht, aber ich habe auch Mandelmasse in den Teig getan. Das Resultat sind herrlich lockere Brötchen mit kleinen Mandelstücken. So köstlich! Ich habe dieses Gebäck in braunen Papierförmchen gebacken und ein rosa Band mit einem „I love you"-Zettel daran befestigt. Ein schönes Geschenk für jemanden, den man mag…

Rezept 24 Stück

1 Grundrezept Süßes Hefegebäck (siehe Seite 22)
zusätzlich 125 g Weizenmehl

Mandelmasse:
150 g gemahlene Mandeln
150 g Puderzucker
1 Eiweiß

Zum Bestreichen:
1 Eiweiß
Perlzucker

Den Ofen auf 180 °C vorheizen.

Den Teig nach dem Grundrezept für Süßes Hefegebäck zubereiten, aber 125 g mehr Weizenmehl hinzufügen.

Das Rezept mit Schritt-für-Schritt-Bildern folgt auf der nächsten Seite …

I Love You!

Während der Teig in der Küchenmaschine geknetet wird, die Mandelmasse zubereiten, indem alle Zutaten in einer Schüssel gut vermischt werden.

Die Mandelmasse in den fertig gekneteten Teig geben und 5 Minuten weiter kneten. Der Teig ist immer noch klebrig, aber versuchen Sie es zu vermeiden, mehr Mehl dazu zu geben. Bemehlen Sie lieber Ihre Hände, wenn Sie den Teig aus der Rührschüssel nehmen.

Den Teig in eine saubere Schüssel legen und 30–40 Minuten gehen lassen.

Den Teig auf die Arbeitsfläche legen und 20–25 Kugeln von jeweils 70 g rollen. Die Kugeln in Muffinformen verteilen oder auf mit Backpapier ausgelegten Backbleche legen. Weitere 10 Minuten gehen lassen.

Die Brötchen mit einer Mischung aus Eiweiß und Perlzucker bestreichen. Ca. 15 Minuten backen.

Vor dem Servieren abkühlen lassen. Mit viel Liebe gemacht – und das schmeckt man! Yummy …

I Love you!

Lemon Donuts

Diese gehören zu den besten Donuts, die ich kenne, denn ich liebe den Zitronengeschmack. Vor vielen Jahren war ich in Downtown Seattle in dem bekannten Top Pot Donuts-Café. Dort gibt es Donuts in sehr vielen Geschmacksrichtungen, und sie sind sooo köstlich. Mein Favorit waren Valley Girl Lemon Donuts – sie schmeckten einfach fantastisch. Wenn man einen Bissen nahm, offenbarte sich die lecker säuerliche Lemon-Curd-Füllung, zudem waren sie in Puderzucker gewälzt; diese Kombination liebe ich einfach. Ich habe versucht, den Geschmack von damals nachzuahmen, und hier ist das Ergebnis.

Rezept für 25 Stück

1 Grundrezept Very Vanilla Donuts (siehe Seite 70)
abgeriebene Schale von 2 unbehandelten Zitronen
2 EL Zitronensaft

Zum Ausbacken:
Sonnenblumenöl

Zum Bestäuben:
Puderzucker

Zum Füllen:
evtl. Lemon Curd (siehe Seite 37)

Den Teig wie im Rezept für Very Vanilla Donuts beschrieben zubereiten, aber das Vanillemark durch abgeriebene Zitronenschale und Zitronensaft ersetzen.

Den Teig 10 Minuten kneten, dann ca. 45 Minuten abgedeckt gehen lassen und anschließend ausrollen. Mit einer runden Ausstechform oder einem Glas kleine Kreise ausstechen. Weitere 10–15 Minuten gehen lassen.

Cooking
by
Appointment
ONLY

Das Sonnenblumenöl in einem Topf erhitzen. Die Temperatur auf niedrigste Stufe schalten. Mit dem Ende einer Spritztülle oder einer kleineren Ausstechform ein kleines Loch durch die Mitte der Donuts stechen. Die Donuts vorsichtig in das heiße Öl legen. Auf jeder Seite ca. 20 Sekunden ausbacken, bis sie goldbraun sind.

Die Donuts aus dem heißen Öl nehmen und auf Küchenpapier ca. 20 Sekunden abtropfen lassen, dann in Puderzucker wälzen. Ganz abkühlen lassen, bevor sie evtl. mit Lemon Curd gefüllt werden. Am besten verwendet man dazu eine lange Tülle von Wilton (Nr. 124) und spritzt das Lemon Curd an zwei Stellen hinein.

Evtl. erneut in Puderzucker wälzen.

Dann muss man sie nur noch in guter Gesellschaft genießen …

Caramel Sticky Buns

Sticky Buns werden in den USA oft zum Frühstück und als Dessert serviert. Diese Schnecken sind mit geschmolzenem braunen Zucker, etwas Zimt und Pekannüssen bestreut, aber Sie können auch Walnüsse verwenden. In den USA serviert man sie oft mit Ahornsirup. Am besten genießt man sie warm, gleich wenn sie aus dem Ofen kommen.

Rezept für 20 Stück

1 Grundrezept Süßes Hefegebäck (siehe Seite 22)
120 g Butter und 2–3 EL zum Bestreichen
200 g brauner Zucker
evtl. etwas Zimt
100–150 g Pekan- oder Walnüsse

Den Ofen auf 180 °C vorheizen.

Den Teig nach dem Grundrezept für Süßes Hefegebäck zubereiten und ausrollen.

Das Rezept mit Schritt-für-Schritt-Bildern folgt auf der nächsten Seite …

Die Butter in der Mikrowelle oder in einem Topf schmelzen. Den ausgerollten Teig mit 2–3 EL der geschmolzenen Butter bestreichen. Mit ca. 50 g des braunen Zuckers und falls gewünscht etwas Zimt bestreuen. Den Teig zu einer Rolle zusammenrollen. Die Teigrolle in ca. 2 cm breite Stücke schneiden.

Den Rest der Butter und des Zuckers verrühren. Nüsse hinzufügen und einrühren. Die Mischung in einer flachen Fettpfanne verteilen. Die Schnecken auf die Nussmischung in die Pfanne legen.
Ca. 15 Minuten gehen lassen, bis sich ihre Größe verdoppelt oder verdreifacht haben.

15–20 Minuten backen. Nach 10 Minuten kontrollieren, sie sollen oben goldbraun sein.

Die Fettpfanne aus dem Ofen nehmen. Die Pfanne auf ein Backblech stürzen, sodass sich das Nuss-Karamell oben auf den Schnecken befindet.

Cookies & Milk Buns

Ein Favorit bei uns zu Hause – die Kinder lieben dieses Gebäck zu einem Glas kalter Milch. Die Kombination von Oreo-Keksen und verführerischer Schokolade ist fantastisch.

Rezept für 24 Stück

1 Grundrezept Süßes Hefegebäck (siehe Seite 22)
1 Packung Oreo-Kekse
100 g Schokolade (Vollmilch oder Zartbitter)

Zum Bestreichen:
1 Eiweiß

Den Ofen auf 180 °C vorheizen.

Den Teig wie im Grundrezept beschrieben zubereiten und ca. 45 Minuten gehen lassen, bis er seine Größe verdreifacht hat.

Das Rezept mit Schritt-für-Schritt-Bildern folgt auf der nächsten Seite …

Kugeln von jeweils 45 g rollen. In jede Kugel 1 zerbröckelten Oreo-Keks und etwas Schokolade einarbeiten. Die Kugeln in Muffinbleche oder Papierförmchen legen.

Die Kugeln weitere 15 Minuten gehen lassen. Dann mit Eiweiß bestreichen. Auf mittlerer Schiene 15–20 Minuten backen.

Dampfend frisch gleich aus dem Ofen … Oh, wie gut sie riechen, unglaublich köstlich zusammen mit einem Glas kalter Milch, und dann einfach genießen …

Lemon Raspberry Sweet Rolls

Inspiriert von einer Café-Tour im schönen Italien habe ich diese Lemon Raspberry Sweet Rolls gemacht. Die Kombination von Zitrone und Himbeere ist himmlisch, und wenn man noch flüssige warme Schokolade darüber gießt, wird es doppelt himmlisch lecker …

Rezept für 24 Stück

1 Grundrezept Süßes Hefegebäck (siehe Seite 22)
Lemon Curd (siehe Seite 37)
150 g frische Himbeeren

Zum Beträufeln:
50–100 g Schokolade

Den Ofen auf 180 °C vorheizen.

Den Teig für Süßes Hefegebäck nach dem Grundrezept zubereiten, siehe Seite 22.

Das Rezept mit Schritt-für-Schritt-Bildern folgt auf der nächsten Seite …

Etwas Mehl auf die Arbeitsfläche streuen. Den Teig darauf legen und zu einem großen Viereck ausrollen. Den Teig mit Lemon Curd bestreichen und mit Himbeeren belegen. Zu einer Rolle formen. Die Teigrolle in passend große Stücke schneiden. Eine Fettpfanne mit Backpapier auslegen und die Schnecken darauf verteilen.

Die Schnecken 10 Minuten abgedeckt gehen lassen. Ca. 15 Minuten backen, gerne mit Umluft, wenn möglich, dann werden sie noch lockerer.

Etwas Schokolade in der Mikrowelle oder in einem Topf im Wasserbad schmelzen. Die Schnecken mit reichlich geschmolzener Schokolade beträufeln.

Dann muss man die herrlichen Lemon Raspberry Sweet Rolls nur noch auf der Zunge zergehen lassen und sich nach Italien träumen, just for a moment …

LA
DEL M
per i bicip
EANNO
ESTRA
in calo,
in rialzo.
“se l’econo
non ci sarebbe
commenta:
SWEET
memories
of this moment with you
catturare l’attenzione di
una commessa.
b) Le commesse litigano tra

Selbst gebackenes Ciabatta

Ciabatta war das erste Brot, das ich frisch verheiratet für meinen Mann gebacken habe. Wir aßen es gerne an den Wochenenden, und es ist immer noch unser Lieblingsbrot, das ich jedes Wochenende für die Familie backe. Ich liebe den herrlichen Geschmack und finde es toll, dass es so fluffig und weich ist und eine wunderbar knusprige Kruste hat. Es ist supereinfach zu machen und immer wundervoll zum Frühstück.

Rezept für 6 große oder 12 kleine

Tag 1 – Sauerteig:
1/2 Würfel frische Hefe (21 g)
125 g Weizenmehl

Tag 2:
1 Würfel frische Hefe (42 g)
500 g Weizenmehl und etwas für die Arbeitsfläche
2 TL Salz

Backtemperatur: 250 °C

Tag 1:
Die Hefe in 125 ml lauwarmem Wasser auflösen. Das Mehl hinzufügen und gut verrühren.

Das Rezept mit Schritt-für-Schritt-Bildern folgt auf der nächsten Seite …

Just
Married

Die Schüssel mit Frischhaltefolie bedecken und über Nacht auf der Arbeitsfläche stehen lassen. Am nächsten Tag sind viele kleine Blasen in der Masse, und sie sieht nicht besonders delikat aus, aber genau so muss sie sein, damit Sie das gute, lockere Ciabatta mit knuspriger Kruste und viel Geschmack erhalten.

Tag 2:
500 ml lauwarmes Wasser in eine Rührschüssel geben. Hefe hinzufügen und vermischen, bis sie sich aufgelöst hat. Den am Vortag hergestellten Sauerteig in kleine Stücke zerteilen, die Stücke in die Schüssel geben und mit einem Kochlöffel gut verrühren. Mehl und Salz hinzufügen. Den Teig mindestens 10 Minuten auf höchster Stufe kneten. Der Teig ist klebrig, aber so soll es sein. Den Teig mindestens 1 Stunde gehen lassen, bis er seine Größe verdreifacht hat. Etwas Mehl auf die Arbeitsfläche stäuben und den Teig darauf legen. Den Teig vorsichtig mit den Händen zu einer langen, schmalen Wurst formen – nicht zu viel bearbeiten.

Die Teigwurst mit einem Pizzaschneider oder einem Messer in 12 gleich große Stücke oder in zwei Teile teilen, wenn Sie zwei Brote haben wollen.

Die Brote vorsichtig auf mit Backpapier belegte Backbleche legen. Weitere 10–20 Minuten gehen lassen, bis sie sich ausgedehnt und viele Blasen gebildet haben. In der Zwischenzeit den Backofen auf 250 °C vorheizen und die Brote 20–25 Minuten backen. Falls Sie einen Backstein haben, ist es super, ihn zu verwenden. In diesem Fall die Brote ohne Vorheizen in den Ofen schieben und ca. 10 Minuten backen. Haben Sie während des Backens ein Auge auf die Brote, da die Backzeit von Ofen zu Ofen variieren kann. Vor dem Verzehr ganz abkühlen lassen.

Lion House Rolls

Wenn Sie schon einmal in den USA im Hotel gewohnt haben, haben Sie diese kleinen Brötchen, die zum Frühstück serviert werden, sicher schon gesehen. Sie sind weich, superlecker und passen perfekt zu einem schönen Samstagsfrühstück. Mit Frischkäse oder Marmelade schmecken sie herrlich.

Rezept für 25 Stück

90 g Milchpulver
75 g zerlassene Butter und etwas zum Bestreichen
1 Würfel frische Hefe (42 g)
50 g Zucker
2 TL Salz
1 Ei (Größe M)
600–700 g Weizenmehl und etwas für die Arbeitsfläche

Den Backofen auf 190 °C vorheizen.

Das Milchpulver in 500 ml lauwarmem Wasser anrühren. Die Butter hinzufügen. In der Mikrowelle oder in einem Topf anwärmen.

Das Rezept mit Schritt-für-Schritt-Bildern folgt auf der nächsten Seite …

Tala
Flour

Alle Zutaten in eine Schüssel geben und gut vermischen. Die Schüssel mit einem Tuch bedecken und den Teig gehen lassen, bis sich seine Größe verdoppelt hat.

Den Teig auf eine mit Mehl bestäubte Arbeitsfläche stürzen und zu einem großen Rechteck ausrollen. Diesen Fladen in mehrere kleine längliche Rechtecke schneiden und mit etwas Butter bestreichen. Den Teig etwas auseinanderziehen und die Rechtecke zu festen Rollen zusammenrollen.

Die Brötchen in Papierförmchen oder einer eingefetteten Fettpfanne verteilen. Mit einem Tuch bedecken und gehen lassen, bis sich ihre Größe verdoppelt hat. 15–20 Minuten backen. Die Brötchen mit warmer Butter bestreichen, sobald sie aus dem Ofen kommen, dann glänzen sie schön.

Mit Frischkäse und selbst gemachter Marmelade servieren.

Fluffy Dinner Rolls

Diese leckeren Fluffy Dinner Rolls habe ich bei meiner Familie in den USA oft am Mittags- oder Frühstückstisch serviert bekommen. Zu Hause backe ich sie seit Jahren für das Wochenendfrühstück.

Rezept für 12 große oder 24 kleine Stücke

175 ml Milch
60 g Butter und etwas für Schüssel und Form
1 Würfel frische Hefe (42 g)
4 EL Zucker
1 TL Salz
400–450 g Weizenmehl

Den Backofen auf 180 °C vorheizen.

Die Milch in eine Schüssel geben. Die Butter in Würfel schneiden und hinzufügen. In der Mikrowelle 1½ Minuten oder in einem Topf erhitzen.

Die Hefe in 175 ml lauwarmem Wasser auflösen.

Die Milch-Butter-Mischung in einer Rührschüssel mit der Hefemischung verrühren.

Love you

Zucker und Salz einrühren. Erst einmal 200 g des Weizenmehls hinzufügen, etwas mischen und dann weitere 200 g Weizenmehl dazu geben. Mit den letzten 50 g warten, bis Sie sehen, ob der Teig okay ist. Den Teig für ein möglichst gutes Resultat mindestens 10–15 Minuten kneten.

Eine saubere Schüssel mit etwas Butter einfetten. Den Teig in die Schüssel legen, mit Frischhaltefolie bedecken und 20–30 Minuten gehen lassen.

Den Teig auf die Arbeitsfläche legen und in 12 oder evtl. 24 Stücke teilen, wenn Sie kleinere Brötchen haben wollen. Zu Kugeln rollen und in einer gefetteten Form verteilen. Weitere 10 Minuten gehen lassen.

15–20 Minuten goldbraun backen. Vor dem Servieren kurz abkühlen lassen.

I feel so fluffy ...

Prairie Farms
MILK
PASTEURIZED
Modern Dairy
1 LITRE LAIT
DEMI ÉCRÉMÉ
STÉRILISÉ U.H.T
LAITERIE
DUPONT

Knoblauchbrot und Brötchen

Dieses Knoblauchbrot habe ich oft bei meiner Freundin Laila bekommen. Immer wenn sie beim Mädelsabend für das Essen zuständig war, wussten wir, dass das erste, was uns empfangen würde, dieses köstliche Knoblauchbrot mit schwarzen Oliven sein würde. Ich liebe das Brot so, wie es ist, aber es schmeckt auch gut zu einer leckeren Suppe und ist super als Hamburgerbrötchen. Ich habe die Erlaubnis bekommen, dieses Rezept mit Ihnen zu teilen …

Rezept für 2 Brote oder 30–35 Brötchen

1 Würfel frische Hefe (42 g)
1,25 kg Weizenmehl und etwas für die Arbeitsfläche und zum Bestäuben
1 TL Zucker
⅔ EL Salz
65 ml Olivenöl
200 g Feta

Füllung:
2–3 Knoblauchzehen
schwarze Oliven

Den Ofen auf 200 °C vorheizen.

Die frische Hefe in etwa 800 ml lauwarmen Wasser auflösen. Alle Zutaten in eine Rührschüssel geben und den Teig ca. 10 Minuten kneten. Der Teig wird ziemlich flüssig, aber fügen Sie falls nötig erst dann mehr Mehl hinzu, wenn der Teig gegangen ist. Die Schüssel mit einem Tuch bedecken. Den Teig an einem warmen Ort ca. 45 Minuten gehen lassen, bis sich seine Größe verdreifacht hat.

Die Arbeitsfläche mit Mehl bestreuen und den Teig darauf legen. 2 Brote oder 30–35 Brötchen formen: Den Teig in 2 Stücke teilen und jedes Stück für sich ausrollen oder kleine Kugeln aus dem Teig rollen.

Lovin' from the oven!

Den Knoblauch reiben und – wenn Sie Brot machen – über den Teig verteilen oder etwas in die Brötchen drücken. Die Oliven darüber streuen oder hineindrücken. Den Teig für die Brote zusammenrollen und in eine Brotform legen oder bei den Brötchen den Teig um die Füllung falten und auf ein Backblech mit Backpapier legen.

Nochmals ca. 10 Minuten gehen lassen. Mit Wasser bestreichen und mit Mehl bestäuben. Die Brote auf mittlerer Schiene ca. 40 Minuten backen. Die Brötchen backt man genauso, aber die Backzeit ist etwas kürzer – sehen Sie nach 20 Minuten nach. Ich stelle eine Schüssel mit Wasser unten in den Ofen, wenn ich Brot backe, dann wird es außen schön knusprig und bleibt innen weich.

Abkühlen lassen und dann genießen. Das Gebäck lässt sich auch wunderbar einfrieren.

Rosemary and Garlic Rolls

GRUNDREZEPT

Dies sind fantastische, fluffige Brötchen, die nach Knoblauch, Rosmarin und Meersalz schmecken – sie gehören zu den besten Brötchen, die ich kenne.

Rezept für 20–24 Stück

500 ml Milch
230 g Butter und etwas mehr zum Bestreichen
1 Würfel frische Hefe (42 g)
4 EL Zucker
2 Eier (Größe M)
1 TL Salz
750 g Weizenmehl

Topping:
50 g Butter
frischer Rosmarin (Menge nach Wunsch)
4 Knoblauchzehen
evtl. Meersalz

Zum Bestreichen:
Öl

Den Ofen auf 175 °C vorheizen.

Die Milch erwärmen und die Butter hinzufügen, sodass sie weich wird. Die Hefe in 125 ml lauwarmem Wasser auflösen.

Das Rezept mit Schritt-für-Schritt-Bildern folgt auf der nächsten Seite …

Today!

Alle Zutaten für den Teig in eine Rührschüssel geben. Den Teig kneten, bis alles gut vermischt ist. Die Küchenmaschine ausschalten und den Teig 10 Minuten ruhen lassen. Dann weiter kneten, bis sich der Teig vom Rand der Schüssel löst.

Den Teig abgedeckt ca. 40 Minuten gehen lassen. Mit etwas Öl bestreichen, sodass er nicht austrocknet.

In der Zwischenzeit das Topping zubereiten. Die Butter schmelzen. Rosmarin und Knoblauch hinzufügen. Ruhen lassen, während der Teig geht. Das Topping wird später auf die Brötchen gestrichen.

Etwas Mehl auf die Arbeitsfläche stäuben und den Teig darauf legen. Hier kommen die Hände zum Einsatz, nicht die Teigrolle. Der Teig ist so geschmeidig, dass Sie ihn nur vorsichtig herunterdrücken müssen, um ein Viereck daraus zu machen und es dann in 20–24 Brötchen zu teilen. Die Brötchen auf ein Backblech legen.

Das Topping kurz in der Mikrowelle aufwärmen und die Brötchen damit bestreichen. Evtl. etwas Meersalz darüber streuen. Die Brötchen weitere 20 Minuten gehen lassen.

Ca. 20 Minuten backen.

Fertig, and it smells delicious! Es gibt doch nichts Besseres als selbst gebackene Brötchen, „baked with Love“.

Luftige Brötchen mit Feta

Hier wird Feta in die Brötchen eingepackt. Das ist einfach unglaublich lecker, und das Aroma, das sich verbreitet, wenn die Brötchen im Ofen sind, ist himmlisch. Ich verwende das Grundrezept für Rosemary and Garlic Rolls, aber anstelle von Rosmarin und Knoblauch nehme ich Feta und bestreiche die Brötchen mit grobem Meersalz und Butter.

Rezept für 12 Stück

1 Grundrezept Rosemary and Garlic Rolls (siehe Seite 160)
150 g Feta

Zum Fetten, Bestreichen und Bestreuen:
Butter
grobes Meersalz

Den Ofen auf 180 °C vorheizen.

Rosemary and Garlic Rolls nach Rezept zubereiten, jedoch Rosmarin und Knoblauch durch Feta ersetzen.

Das Rezept mit Schritt-für-Schritt-Bildern folgt auf der nächsten Seite …

Aus dem fertig gegangenen Teig 12 Kugeln rollen.

Eine Form oder ein Backblech gut mit Butter einfetten. Jeweils eine Kugel nehmen und etwas flach drücken. Den Teig nicht zu stark bearbeiten, sonst verliert er seine Luftigkeit. Ein Stück Feta in die Mitte legen. Die Ränder nach oben falten, die Brötchen umdrehen und in die Form oder auf das Backblech legen. Bei allen anderen Brötchen wiederholen.

Mit einem Tuch bedecken und 30–35 Minuten gehen lassen, bis sich ihre Größe verdoppelt hat. Die Brötchen mit etwas geschmolzener Butter bestreichen und etwas grobes Meersalz darüber streuen.

20–30 Minuten backen, bis sie luftig und goldbraun sind. Die Backzeit hängt vom Ofen ab.

Tipp!
Ich sprühe während des Backens mindestens dreimal mit einer Sprühflasche Wasser in den Ofen.

Die fertigen Brötchen sind saftig und lecker. Innen haben Sie den Feta und oben die schöne, salzige Kruste.

0:57

Easy Pizza Crust

Diesen Pizzaboden stellte ich auf den norwegischen Fernsehsender VG.no als Manuelas WM-Pizza vor; damals hatte ich ihn mit Rindfleisch belegt. Ich bekam dafür viele positive Rückmeldungen, also musste er natürlich mit in dieses Buch. Der Teig reicht für zwei mittelgroße Pizzen oder für eine große – perfekt für einen gemütlichen Samstagabend.

Rezept für 1–2 Stück

1 Würfel frische Hefe (42 g)
2 EL Honig
3 EL Olivenöl und etwas für die Schüssel
2 TL Salz
285 g Weizenmehl

Manuelas Lieblings-Pizzasauce:
3 EL Tomatenmark
1 TL Pariser Pfeffer oder andere Pfeffermischung
½ TL Salz
¼ TL Oregano

Belag:
geriebener Gouda
Peperoniwurst in Scheiben

Den Ofen auf 225 °C vorheizen.

250 ml lauwarmes Wasser in eine Rührschüssel geben. Hefe und Honig hinzufügen, gut verrühren und 5 Minuten stehen lassen.

Olivenöl, Salz und ein Drittel des Mehls hinzufügen. Den Teig kneten. Nach und nach weiteres Mehl hinzufügen, bis ein schöner Teig entstanden ist; ich knete den Teig 10 Minuten, um das beste Resultat zu erzielen.

Eine saubere Schüssel mit etwas Öl ausstreichen. Den Teig in die Schüssel legen. Mit einem Tuch bedecken und ca. 30 Minuten gehen lassen, bis er sich gut aufgebläht hat. Den Teig in zwei Stücke teilen, wenn Sie zwei mittelgroße Pizzen haben wollen, oder so lassen, wie er ist, wenn Sie eine große Pizza wünschen. Den Teig ausrollen; ich mache den Rand etwas dicker, sodass es eine Kruste gibt.

Alle Zutaten für die Sauce mit 1–2 TL Wasser vermischen und auf den Pizzaboden streichen. Ich verwende leckeren Gouda zum Bestreuen – what can I say, I'm a Dutch girl! Dann belege ich sie mit Peperoniwurst. 15–20 Minuten backen. Dann muss man sich die Pizza nur noch schmecken lassen.

Ich bestreue sie nach dem Backen mit frischem Feta und Salat und genieße sie mit einem Glas kalter Cola light und evtl. ein paar Tortilla Chips.

My Favorite Pizza Crust

Seit ich verheiratet bin, ist es bei uns Tradition, samstags einen Pizza- und Filmabend mit der Familie zu machen, und für mich gibt es keinen Samstag ohne meine Lieblingspizza. Ich habe diese Pizza oft meinen Gästen serviert, und niemand ist nach Hause gegangen, bevor er das Rezept von mir bekommen hatte. Der Boden ist saftig und lecker, und der Geschmack ist ganz einzigartig, weil ich Feta in den Teig mische. Das macht ihn auch extra luftig.

Rezept für 3–4 Stück

1 kg Weizenmehl
1 EL Olivenöl
100–150 g Feta
1 Würfel frische Hefe (42 g)
½ TL Salz
¼ TL Knoblauchpulver
½ TL Chiliflocken

Manuelas Lieblings-Pizzasauce (siehe Seite 168)

Belag:
200 g Rinderlende, mindestens 2 Stunden im Saft von einer Zitrone, etwas Salz und Chiliflocken mariniert
geriebener Gouda
in Röllchen geschnittene Frühlingszwiebel oder Zwiebelringe
Peperoniwurst in Scheiben
Tomaten in Scheiben

Knoblauchsauce:
4 EL griechischer Joghurt
1 EL Mayonnaise
1 EL getrockneter Schnittlauch
Saft einer halben Zitrone
1 TL Salz
½ Knoblauchzehe, gerieben

Den Ofen auf 250 °C vorheizen.

Alle Zutaten für den Teig mit 550 ml lauwarmem Wasser in eine Rührschüssel geben. Denken Sie daran, dass das Wasser lauwarm sein muss; wenn es zu warm ist, tötet es die Hefe ab und die Pizza geht nicht auf.

HOME

Den Teig mindestens 10 Minuten kneten und 30–40 Minuten gehen lassen.

Den Teig in 3 oder 4 Stücke teilen.

Daraus Pizzaböden formen, indem die Stücke zu runden Fladen ausgerollt werden. Die Fladen auf ein Backblech mit Backpapier legen.

Manuelas Lieblings-Pizzasauce zubereiten und auf den Böden verteilen. Die Zutaten für den Belag darüberstreuen.

Ich lege rohes Rindfleisch auf die Pizza. Weil ich die Pizza bei höchster Temperatur backe (250 °C), wird das Rindfleisch mürbe und unglaublich lecker. Mindestens 15 Minuten backen. Immer wieder kontrollieren, dass sie nicht verbrennt.

Verwenden Sie gerne einen Pizzastein, dann wird die Pizza herrlich knusprig.

Zu dieser fantastischen Pizza esse ich meine Lieblings-Knoblauchsauce, die ich ebenfalls mit Ihnen teilen will, weil sie ein Teil meiner Lieblingspizza ist.

Knoblauchsauce
Alle Zutaten in einer Schüssel gut vermischen und die Sauce zusammen mit der Pizza genießen …

Mediterranean Pocket Bread

Dieses Brot backe ich oft, wenn wir Tapas essen, oder zum Wochenendfrühstück mit gekochten Eiern. Es ist ein typisches Mittelmeerbrot, das man in Restaurants oft als Vorspeise bekommt, wenn man im Urlaub im Süden ist. Es ist schnell und einfach zu machen, und außerdem macht es Spaß, der Familie etwas anderes als die typischen Brötchen zum Frühstück servieren zu können.

Rezept für 6 Stück

1 Würfel frische Hefe (42 g)
425 ml lauwarme Milch
1 TL Zucker
500 g Weizenmehl und etwas für die Arbeitsfläche
1 TL Salz
1 EL Olivenöl

Zum Bestreichen:
1 Eigelb
2 EL Milch
schwarze oder weiße Mohnsamen oder Schwarzkümmel

Den Ofen auf 250 °C vorheizen.

Die Hefe in der lauwarmen Milch auflösen. Ca. 15 Minuten zur Seite stellen, bis die Hefe Blasen wirft und Sie sehen, dass sie aktiv ist.

Das Rezept mit Schritt-für-Schritt-Bildern folgt auf der nächsten Seite …

Die restlichen Zutaten für den Teig in eine Schüssel geben. Die Hefemischung hinzufügen und den Teig kneten, bis er sich vom Rand der Schüssel löst. Die Schüssel mit einem Tuch bedecken und den Teig ca. 30 Minuten gehen lassen.

Die Arbeitsfläche mit Mehl bestreuen. Den Teig in 6 gleich große Stücke teilen. Ein Stück nach dem anderen bearbeiten. Die anderen Stücke währenddessen mit einem feuchten Tuch bedecken, damit sie nicht austrocknen.

Ein Stück mit den Händen oder einer Teigrolle flach drücken. Den Fladen auf ein mit Backpapier belegtes Backblech legen. Mit allen Stücken so verfahren.

Eigelb, Milch und Mohn- oder Schwarzkümmelsamen verrühren und die Fladen damit bestreichen. Die Brote backen, bis sie fertig sind, bei meinen dauerte es ca. 10 Minuten, aber das variiert von Ofen zu Ofen.

S'mores Buns

Ich habe zum ersten Mal S'mores gegessen, als ich als 16-Jährige mit vielen anderen Jugendlichen in einem Lager in Flagstaff in den USA war. Abends saßen wir um das Feuer und grillten Marshmallows. Dann nahmen wir Cracker, legten die warmen Marshmallows in die Mitte und tunkten sie in warme Schokolade. Ich hatte Lust, eine Gebäckvariante von S'mores zu machen.

Rezept für 24 Stück

1 Grundrezept Süßes Hefegebäck (siehe Seite 22)
150 g Mini-Marshmallows

Zum Bestreichen und Glasieren:
1 Eiweiß
100 g Schokolade

Den Ofen auf 180 °C vorheizen.

Den Teig nach dem Grundrezept für Süßes Hefegebäck zubereiten. 45 Minuten gehen lassen, bis sich seine Größe verdreifacht hat.

Das Rezept mit Schritt-für-Schritt-Bildern folgt auf der nächsten Seite …

Do Try One!
Yummy!
Be Tempted!
Be Tempted!
HANDMADE
Love

Den Teig auf die Arbeitsfläche legen und in Kugeln von jeweils ca. 45 g teilen. Die Kugeln in große Papierförmchen oder Muffinbleche legen. In jede Kugel 5–7 Mini-Marshmallows drücken. In den Formen ca. 15 Minuten gehen lassen.

Die Kugeln mit Eiweiß bestreichen. 15–20 Minuten backen, bis sie oben goldbraun sind. Die Schokolade in der Mikrowelle oder in einem Topf im Wasserbad schmelzen und das Gebäck hineintauchen …

Ich sage nur: O yeah!

Say Yes Delicious Bounty Buns

Dieses Hefegebäck habe ich mit einer herrlichen selbst gemachten Bounty-Mischung gefüllt und flüssige dunkle Schokolade und etwas Kokos darüber gegeben. Perfekt für jeden Bounty-Liebhaber – man sagt ja, dass Liebe durch den Magen geht …

I YOU!

Rezept für 24 Stück

350 g Weizenmehl und etwas zum Bestäuben
35 g Vanillepuddingpulver
70 g Zucker
¼ TL Salz
1 Würfel frische Hefe (42 g)
3 Eier (Größe L)
1 Eigelb (das Eiweiß zum Bestreichen des Gebäcks benutzen)
150 g Butter
Mark von ½ Vanillestange (kann durch 1 TL Vanillezucker ersetzt werden)

Füllung:
200 g Kokosflocken
200 g Puderzucker
1–2 Eiweiß
Schokoladentröpchen

Dekoration:
200 g Schokolade
100 g Kokosflocken

Den Ofen auf 180 °C vorheizen.

Alle trockenen Zutaten für den Teig in eine Rührschüssel geben.

Hefe und 500 ml lauwarmes Wasser miteinander verrühren. Die Mischung in die trockenen Zutaten einrühren. Den Rest der Zutaten hinzufügen. Alles 20 Minuten kneten. Es ist wichtig, dass es genau 20 Minuten sind, weil es den Teig absolut perfekt macht! Anfangs kann der Teig etwas flüssig wirken, aber nach 20 Minuten wird er super.

Say Yes
Love You

Wenn der Teig nach 20 Minuten immer noch etwas klebrig ist, die Hände mit etwas Mehl bestäuben und den Teig in eine andere Schüssel legen. Den Teig bei Zimmertemperatur ca. 45 Minuten gehen lassen.

Die Arbeitsfläche mit etwas Mehl bestäuben und den Teig darauf legen. Pro Gebäckstück 45 g Teig berechnen und jedes Stück wiegen, damit alle gleich groß werden.

FÜLLUNG:
Kokosflocken, Puderzucker und Eiweiß gut vermischen. Beginnen Sie mit einem Eiweiß, vielleicht brauchen Sie gar nicht mehr. Die Masse soll klebrig, aber nicht völlig zäh sein. Einen EL Kokosfüllung auf jedes Gebäckstück geben, mit Schokoladentröpfchen belegen, zusammenfalten und zu einer Kugel formen.

Die Gebäckstücke auf einem Backblech verteilen oder wie ich in Papierförmchen legen. Nochmals 10 Minuten gehen lassen.

Ca. 15 Minuten backen. Die Schokolade schmelzen und über die leicht ausgekühlten Buns geben und mit Kokosflocken bestreuen.

Ich liebe es, Gebäck schön zu verpacken und zu verschenken. Hier habe ich einen Cupcake Wrapper darum gelegt und eine kleine Liebeserklärung daran befestigt: „Say yes“ oder „Love you“.

Caramel Buns

Dieses Gebäck ist einfach Oh so yummy! Es ist aus Teig für süßes Hefegebäck gemacht, und innendrin sind Daim-Dragees – jeder Bissen, den Sie nehmen, ist herrlich crunchy.

Rezept für 24 Stück

1 Grundrezept Süßes Hefegebäck (siehe Seite 22)
200 g Daim-Dragees
1 Eiweiß zum Bestreichen

Mokka-Daim-Creme:
300 g Sahne
40 g Zucker
2 TL Kaffee aus 3 EL Instant-Kaffee und 1 TL kochendem Wasser
100 g zerstoßenes Daim

Den Ofen auf 180 °C vorheizen.

Das Rezept mit Schritt-für-Schritt-Bildern folgt auf der nächsten Seite …

Admit
One
2/-
0825

Teig für Süßes Hefegebäck nach dem Grundrezept zubereiten. 45 Minuten gehen lassen. Den Teig in Stücke von jeweils ca. 45 g teilen. Daim-Dragees auf die Stücke verteilen und die Stücke zu Kugeln formen. Diese in Muffinförmchen legen und oben etwas flach drücken. Weitere 15 Minuten gehen lassen.

Kugeln mit Eiweiß bestreichen. Auf mittlerer Schiene ca. 15 Minuten backen. Kurz abkühlen lassen, bevor Sie dieses yummy Karamellgebäck genießen.

Wenn Sie ein besonderes Deluxe-Gefühl wollen, können Sie das Gebäck kurz vor dem Servieren mit Mokka-Daim-Creme verzieren.

Mokka-Daim-Creme:
Die Sahne mit dem Zucker steif schlagen. Kaffee und zerstoßenes Daim hinzufügen.

Mit einer extra großen Tülle kleine Wirbel auf die Gebäckstücke spritzen. Evtl. mit noch etwas Daim bestreuen – wenn schon, denn schon!!!

2/-

Sweet Me & Very Vanilla Cream Filled Buns

Eines der besten Dinge, die ich kenne, ist Vanillegebäck, vor allem mit einem so luftigen Teig wie diesem. Dieses Gebäck ist mit leckerer Crème pâtissière gefüllt, mit zuckersüßer pastellfarbener Glasur überzogen und mit einem süßen Herz geschmückt – alles im Sweet-Me-Stil. Ich habe auch ein paar in Silikonformen gebacken, sodass es Herzgebäck wurde – perfekt für den Valentinstag oder einen anderen besonderen Anlass.

Rezept für 24 Stück

1 Grundrezept Süßes Hefegebäck (siehe Seite 22)
Crème pâtissière (siehe Seite 89)

Zum Bestreichen:
1 Eiweiß

Glasur und Dekoration:
415 g Puderzucker
4–5 EL Vollmilch
3 EL Sahne
2 TL reiner Vanilleextrakt (ersatzweise gemahlene Vanille) oder Zitronenextrakt
evtl. ein paar Tropfen Lebensmittelfarbe
Zuckerherzen

evtl. ofenfeste Herzform aus Silikon

Den Ofen auf 180 °C vorheizen.

Das Rezept mit Schritt-für-Schritt-Bildern folgt auf der nächsten Seite.

Since I can't come a-calling
The next best thing to do
Is send this cheery greeting
To say "Hello" to you

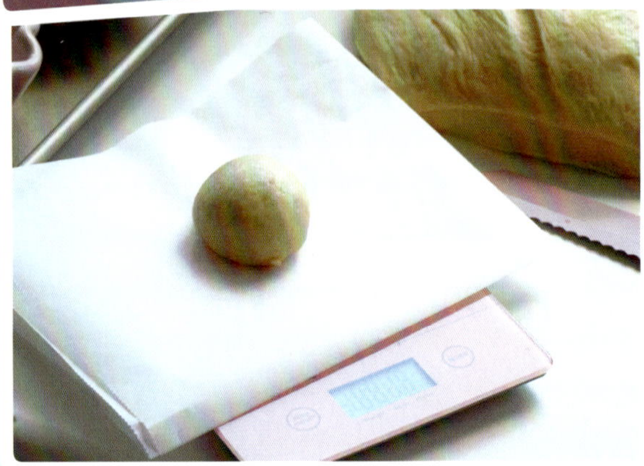

Teig für Süßes Hefegebäck nach dem Grundrezept zubereiten. Ca. 45 Minuten gehen lassen. Den Teig auf die Arbeitsfläche legen und in Stücke von jeweils ca. 45 g zerteilen. Den Teig nicht zu sehr bearbeiten – einfach zerschneiden, zu Kugeln rollen und auf einem Backblech verteilen. Ich verwende gerne süße pastellfarbene Schalen als Formen für dieses Gebäck, aber es geht auch wunderbar ohne. Falls Sie Silikon-Herzformen verwenden, füllen Sie jedes Herz mit 30 g Teig. Diese Formen finden Sie zum Beispiel im Internet bei silikomark.net.

Die Kugeln weitere 15 Minuten gehen lassen, die Herzen 10 Minuten. Mit Eiweiß bestreichen. 15–20 Minuten backen, bis sie oben goldbraun sind. Die Herzen werden ca. 10 Minuten gebacken.

Das Gebäck ganz abkühlen lassen. Mit Crème pâtissière füllen – ich mache das, indem ich eine lange Tülle von Wilton (Nummer 124) in das Gebäck stecke und die Creme hinein spritze.

Glasur:
Puderzucker, Milch, Sahne, Vanilleextrakt und Lebensmittelfarbe gut vermischen, bis alles eine schöne Konsistenz ergibt. Nach Bedarf mehr oder weniger Milch hinzufügen. Das Gebäck in die Glasur tauchen. Mit Zuckerherzen dekorieren.

Schon haben Sie Sweet Me & Very Vanilla Cream Filled Buns ... Einfach lecker!

Vanilla Almond Biscotti

Wenn ich bei Wayne's Coffee Shop in Oslo bin, gönne ich mir zusammen mit einer schönen Tasse heißem Kakao manchmal leckere Mandelbiscotti. Ich tunke sie in den heißen Kakao und genieße … Noch besser ist es, sie selbst zu machen. Diese Biscotti schmecken herrlich nach echter Vanille, weil ich den Teig mit Vanillemark mache, und zusammen mit Mandeln und einer Spur Zitrone wird es einfach superlecker. Leicht zu machen und ein tolles Geschenk für jemanden, der sonst schon alles hat …

Rezept für 12 große oder 24 kleine Stücke

125 g Zucker
2 Eier (Größe M)
Mark von 1 Vanillestange
175 g Weizenmehl
1 TL Backpulver
⅛ TL Salz
100 g Mandeln
abgeriebene Schale von 1 unbehandelten Zitrone
evtl. dunkle Schokolade zum Hineintauchen

Den Backofen auf 200 °C vorheizen.

Das Rezept mit Schritt-für-Schritt-Bildern folgt auf der nächsten Seite …

Love

Zucker, Eier und Vanillemark in eine Rührschüssel geben. Ca. 10 Minuten mixen, bis die Masse luftig wird. Mehl, Backpulver und Salz in einer anderen Schüssel vermischen. Die Mandeln in kleine Stücke hacken. Die Mehlmischung, gehackte Mandeln und abgeriebene Zitronenschale in die Eiermasse geben und vorsichtig unterheben.

Ein Backblech mit Backpapier belegen. Den Teig auf dem Blech verteilen und zu einem flachen Rechteck formen. 15–20 Minuten backen. Aus dem Ofen nehmen. Die Ofentemperatur auf 150 °C reduzieren. Den gebackenen Teig ca. 5 Minuten ruhen lassen und dann in dicke Scheiben schneiden. Die Scheiben auf einem Backblech verteilen und für ca. 10 Minuten zurück in den Ofen schieben. Die Biscotti wenden und weitere 10 Minuten auf der anderen Seite backen.

Diese leckeren Vanille-Mandel-Biscotti schmecken übrigens besonders lecker, wenn man sie in eine gute Tasse Kaffee, Tee oder heißen Kakao tunkt. Biscotti verwahrt man in einer luftdichten Keksdose.

0:57

Blueberry-Raspberry Brioche

Das hier ist Luxusgebäck. Ich liebe es, diese Brioches zu ganz besonderen Anlässen zu backen und mit einer schönen Tasse Tee oder Kaffee zu servieren. Der Briocheteig macht das Gebäck exklusiv, und mit frischen Früchten darin ist es French Deluxe …

Rezept für 24 Stück

1 Grundrezept Brioche (siehe Seite 30)
Blaubeeren
Himbeeren

Speiseöl aus dem Zerstäuber

Zum Bestreichen:
1 Eiweiß

Backtemperatur: 180 °C

Das Rezept mit Schritt-für-Schritt-Bildern folgt auf der nächsten Seite …

Den Briocheteig wie im Grundrezept beschrieben zubereiten. Den Teig bei Zimmertemperatur 45 Minuten gehen lassen.

Den Teig mit Öl besprühen, in Frischhaltefolie wickeln und mindestens 6 Stunden oder am besten über Nacht in den Kühlschrank stellen. Den Teig am nächsten Tag aus dem Kühlschrank nehmen und ruhen lassen, bis er Zimmertemperatur hat. Dann in 24 Stücke teilen. Jede Brioche mit Blaubeeren oder Himbeeren füllen und die Ränder zur Mitte falten.

Kleine Kugeln rollen und auf ein mit Backpapier belegtes Backblech legen oder solche Miniformen wie auf dem Bild, Muffinformen oder andere hübsche Formen verwenden. Mit Eiweiß bestreichen. Ca. 15 Minuten backen, abhängig davon, was für einen Ofen Sie haben und wie groß Ihre Kugeln sind.

Tausend Dank

Dieses Buch zu machen, war eine reine Freude, und ich hatte wirklich viel Spaß dabei. Ich habe dem Verlag vorgeschlagen, das Buch „Fluffy Yumminess“ zu nennen, denn ich bin während der Arbeit daran ziemlich fluffy geworden, aber lecker war es auf jeden Fall!

Auch dieses Mal gibt es viele fantastische Menschen, denen ich danken möchte.

Zu allererst meinem Mann für all seine Unterstützung, du bist eine Perle ohnegleichen und ich liebe dich!

Danke an alle meine fünf Kinder und einen besonderen Dank an meine beiden Ältesten, Deborah Grace und Daniel, für all die Hilfe rund um dieses Buch.

Tausend Dank an Mama für all die Inspiration, die du mir in meiner Jugend gegeben hast, du bist einfach fantastisch, und an Papa, der mir Unmengen an rosafarbenem Geschirr geschickt hat, um es in diesem Buch zu verwenden.

Besonderen Dank an meine gute Freundin Trude, die viele schöne Bilder für das Buch gemacht hat. Du bist einfach so geschickt, und man kann toll mit dir zusammenarbeiten.

Dank an meine liebe Cousine Linda, die mir ihr hübsches Heim für einen ganzen Tag Fotoshooting zur Verfügung gestellt hat.

Und nicht zuletzt will ich all denen danken, die dieses Buch gekauft haben – es bedeutet viel für mich – und alle fantastischen Leser auf www.passion4baking.com, die mich dazu angeregt haben, ein Hefebackbuch zu machen.

Danke an das Personal bei Exlibris Media und den Verleger Bjørnar Westgaard, dass ihr dieses Buch möglich gemacht habt. Tausend Dank an die fantastische Nina Juul, die das Buch für mich designed hat, ich bin mehr als zufrieden.

Tausend Dank an die Redakteurin Gunn E. Schmidt, dass ich gefragt wurde, ein Buch über Hefegebäck zu machen, danke für deine ganze Hilfe, du bist einzigartig!

Es gibt auch viele Sponsoren, denen ich dafür danken will, dass sie mir eine so tolle Ausrüstung zur Verfügung gestellt haben:

www.cacas.no
www.cacas.no
www.kitchn.no
www.kakeboksen.no
www.iblaursen.dk
www.canon.de
www.droetker.de
www.tartdecor.se
www.vsell.se
Traktøren Kjøkkenutstyr Bogstadveien 25
Traktøren Kjøkkenutstyr Trondheim
Traktøren Kjøkkenutstyr Lagunen, Rådal
TilBords, Halden
Peggy Porshen Parlour, London
www.target.no
www.howard.no
www.dorothea.no
www.farmorshus.no
www.bagarenochkocken.se
www.siluett.se
www.americanfood4u.com
www.leilasgeneralstore.com
www.thecakedecoratingcompany.co.uk
www.elegansia.se
www.headhair.no
www.by-momo.com
www.hudoteket.se
www.rivieramaisonwebshop.com
www.annak.nu
www.akazia.no
www.wilton.com

Mehr Backglück gibt's auf www.passion4baking.com

Rezeptregister

Bereits bei BusseSeewald erschienen:

Die Backfee. Zuckersüß
978-3-7724-7374-6

Die norwegische Backfee Manuela Kjeilen kreiert für dieses Buch wunderbare Cupcakes, herrliche Cookies, fluffige Kuchen und andere zuckersüße Versuchungen im zarten Vintage- und Sixties-Stil. Mit ihrem Backblog passionforbaking.com verzaubert sie seit 2010 mehr als 30 000 Leser. In diesem Buch zeigt sie, wie auch Sie mit ganz einfachen Mitteln und ein wenig Übung zur begeisterten Hobby-Konditorin avancieren. Zuckersüß!

Lieblingsrezepte aus dem Gartencafé
978-3-7724-7355-5

In liebevollen Bildern und Texten stellt die bekannte schwedische Cafébesitzerin Eva Eriksson in ihrem Buch die besten Back- und Kochrezepte ihres Waldbeerenhofs in Südschweden vor: Kuchen, Torten und Gebäck sowie Quiches, Aufläufen, Tartes, Suppen und Salate. Schwedische und internationale Klassiker sind genauso dabei wie eigene Ideen aus der Caféküche wie Pelargonienkuchen, Nugat-kekse und Daimtorte. Und nicht fehlen dürfen die Lieblingsrezepte für die kleine herzhafte Küche wie Gorgonzola-Quiche, geröstetes Wurzelgemüse mit Vanille, Pilzfrikadellen und Porterfilet.

Süße Liebe
978-3-7724-7356-2

Mit himmlischen Kreationen aus zartem Schmelz lockt das wahrscheinlich schönste Backbuch der Welt in die Küche und zur Kaffeetafel. Lustvoll haben die Autorinnen Åsa Swanberg und Malou Holm fantastische Torten, Kuchen, Desserts, Tartes, Trüffel und Gebäck kreiert. Jedes köstliche Meisterwerk wird mit seinen Füllungen, Toppings und Dekorationen so ausführlich wie liebevoll beschrieben.

Happy baking!